솔로몬의 노래

− 잠언 · 전도서 · 아가 직역 큐티

솔로몬의 노래
― 잠언 · 전도서 · 아가 직역 큐티

1판 인쇄일 2022년 4월 1일
1쇄 발행일 2022년 4월 5일

지은이 _ 김상수
펴낸이 _ 한치호
펴낸곳 _ 종려가지
등록 _ 제311-2014-000013호(2014. 3. 20)
주소   서울특별시 은평구 은평로 14길. 9 5
 전화 02. 359. 9657
디자인 _ 표지 이순옥 / 본문 구본일
제작대행 세줄기획(이명수) 전화 02. 2265. 3749
영업(총판) 일오삼
전화 02. 964. 6993, 팩스 02. 2208. 0153

값 12,000 원

ISBN 979-11-90968-34-8

ⓒ 2022, 김상수

잘못 만들어진 책은 구입하신 서점에서 바꾸어 드립니다.
책의 주문 및 영업에 대한 문의는 영업대행으로 해주십시오.
문서사역에 대한 질문은 010. 3738. 5307로 해주십시오.

* 저자 연락처 010-4586-9892

솔로몬의 노래

– 잠언 · 전도서 · 아가 직역 큐티

김상수 목사 지음

문서사역
종려가지

추천사 1

    나는 오늘날에도 종교개혁이 일어날 수 있는지 자주 질문을 받는다. 그런 질문을 받을 때마다 일어날 수 없다고 한 마디로 딱 잘라 말한다.
    다각적인 이유가 많이 있겠지만 그 가운데 하나는 문서와 관련된 것이다. 그 시대는 인쇄술이 우리보다 훨씬 못 미치는 상황이었음에도 불구하고, 유럽 각지에서 개혁의 기치를 따르는 인물들이 자국어로 다양한 성경을 번역하여 출판하는 데 앞을 다투었다. 게다가 성경 번역과 함께 신교 목회자들이 혼신의 힘을 다해서 성경을 풀어내는 글을 써서 출판하였다.
    이와 달리, 오늘날 교회는 성경을 새롭게 번역하는 데 힘쓰지 않을 뿐 더러 목회자들은 성경을 해설하는 글을 내는 데 힘쓰지 않는다. 이런 실정에서 무슨 종교개혁이 일어나겠는가?

    금 번에, 성경 원문을 직역하면서 풀이한 김상수 목사님의 해설서가 세상에 빛을 보았다. 목사님은 신학교 시절부터 지금까지 40년 세월을 원문과 씨름하면서 성경을 연구하였다.

그는 성경 원문이 골수까지 배여 있는 분으로 우리말 어법을 따르는 매끄러운 번역보다 원문의 느낌을 되도록 그대로 살리는 번역에 충실하다. 때때로 이런 번역이 쉽게 읽히지는 않을지 모르겠으나 성경의 진의를 파악하는 데는 훨씬 유익하다는 사실을 놓치면 안 된다. 단번에 이해되지 않기에 곱씹어 볼만하지 않은가.

또한 목사님의 해설은 본문을 우리의 현실에 적용하고 있다는 점에서 큰 공헌을 한다. 그는 단어와 문장을 세세하게 따지는 것보다 전체 문맥의 의미를 우리의 처지에서 드러내는 데 주력한다. 이렇게 하여 성경은 옛날의 문서가 아니라 오늘의 설교로 변한다.

한 마디로 말해서 그의 해설을 읽으면 믿음으로 살도록 고무하는 뜨거운 감동을 느끼게 된다. 이런 의미에서 김상수 목사님의 성경 원문 직역 해설은 종교개혁을 우리 시대로 연장시키는 놀라운 도구임에 틀림없다.

조 병 수
합동신학대학원대학교 총장 역임 / 명예교수
프랑스 위그노 연구소 대표

추천사 2

　사랑하고 존경하는 김상수 목사님께서 매일 아침마다 변함없이 카톡으로 하나님의 귀한 말씀을 배달해 주고 있습니다.
　이 말씀을 읽으면서 하루 일과를 시작 하면 영적으로 든든하고 너무 소중한 하루가 되고 있습니다.
　이 말씀의 특징은 원문주해 뿐 아니라 본문을 깊이 연구해서 하나님의 뜻을 잘 드러내고 적용까지 아주 쉽게 해줘서 누구나 쉽게 접할 수 있습니다.
　따라서 말씀을 연구하는 목회자들에게나 신학생들, 해외 선교사들과 모든 성도들에게 큰 도움이 될 것으로 여겨져 적극 추천 하고 싶습니다.
　감사합니다.

이 주 형
목사 / 오정성화교회 / 합신 증경 총회장

| 추 |
| 천 |
| 사 |
| ③ |

저는 오늘날 조국교회의 가장 시급한 과제는 교회의 강단개혁이라고 믿는다. 강단개혁은 자신의 심령을 날마다 개혁함을 의미한다.

이미 신학을 공부한 목사, 선교사는 계속 자기 자신을 업그레이드 해야 한다. 갓 구워낸 빵과 시원한 생수를 날마다 목사와 선교사는 먹고 마셔야 한다. 이것은 그냥 구호로 되는 것이 아니다. 그야말로 주입(eisegesis)이 아니라, 원액의 말씀을 주해(exegesis)해야 한다.

전세계 선교사들의 카톡방, SNS에는 하루에도 수많은 밀씀묵상, 성경해석, 개인묵상의 글들이 쏟아져 나온다. 솔직히 필자는 그런 글에는 눈길도 주지 않는다. 함량미달의 글들에 너무 많아 식상했다.

그런데 김상수(주명교회) 목사의 글은 참으로 신선하였다. 순수한 원액의 말씀이다.

그는 신학교를 졸업한 후에도 지난 30여 년간 오로지 원어연구에 올인하였다. 그의 묵상의 글을 여러 사람과 나누게 된 것도 "한 영혼"을 먹이기 위함에서 비롯되었다.

12년 전, 김 목사가 섬기는 교회의 청년 중 한 청년은 직장이 늦게 끝나게 되어 성경공부 모임에 참여하지 못하였다. 그 한 청년을 개인 양육하기 위해 묵상 글을 쓰게 된 것이다. 이 얼마나 아름다운 선한 목자의 마음 인가?

세 가지 면에서 나는 김상수 목사의 성경원문 직역 카톡 묵상집(잠언, 전도서, 아가서)을 적극 추천하고 싶다.

첫째는, 그의 성경원문 직역을 읽으며 하나님의 본심을 느끼게 한다. 때로는 투박스러운 번역 같지만 그 안에 "생닁의 빛"이 보이며 들리는 것 같아 너무나 좋다.

둘째는, 성경 1장을 전체 문맥을 꿰뚫으면서 하나님의 뜻을 밝히 드러내는 묵상이 돋보인다. 성경읽기의 가장 중요한 원칙은 "영적으로/성경 그 자체를 읽는 것"이다. 곧 성령님의 영감을 받아 읽어야 한다는 뜻이다. 성경은 "오직 성령께서 가르치신 것으로 하니 영적인 것은 영적인 것으로 분별"(고전 2:13)하기 때문이다.

마지막으로, 김목사의 간결한 글쓰기가 너무 시원시원하여 좋다. 시각적으로 읽히는 글이다. 그리고 묵상한 말씀으로 하나님께 올려 드리는 마무리 기도 또한 압권이다.

배 안 호

선교사 / GMS, 파라과이

서문

하나님의 부르심 가운데 40년 전, 수원의 합동신학원에서 개혁신학을 접하게 하셨습니다. 30년의 연단 후에, 하나님의 섭리 가운데 직장의 늦은 퇴근으로 성경공부 그룹에 들어오지 못하는, 섬기는 교회의 청년을 양육하기 위해 카톡으로 성경직역 원문강해가 시작되었습니다.

12년 동안 하루도 거를 수가 없었습니다. 하나님께서 강권하시는 역사 가운데 말씀으로 저를 사로잡아주셨기 때문입니다.

주명교회 성도들과 예수 그리스도 안에서 함께 지어져 가는 수많은 지체들에게 성경 66권의 진리를 드러낼 수 있도록 은혜를 주신 삼위일체 하나님께 영광을 돌립니다.

연약한 저를 위해 기도하시는 수많은 지체들에게 감사드립니다. 하나님의 은혜와 말씀을 사랑하고 사모하는 지체들의 뜨거운 요청에 힘입어 카톡 큐티로 쓴 성경직역 원문 강해서를 출판하게 되었습니다. 역사적인 전통적 교회의 입장인 성경론과 신론, 인죄론 기독론 구원론과 교회론을 터로 삼았습니다.

역사적으로 검증되고 공적으로 선포된 초대 교부들의 표준문서와 16세기, 17세기에 걸친 종교개혁자들의 표준문서를 울타리로 삼았습니다.

- 원문에 근거한 문법적 해석을 했습니다.
- 성경에 나타난 각 시대의 역사적 상황과 교회사를 고려 했습니다.

- 성령님의 조명으로 현 시대에 알맞게 적용하려고 했습니다.
- 성경 66권에서 말씀 하시는 바른 교리, 바른 예배와 바른 교회법을 드러내기 위해 힘썼습니다.

성경 66권에서 가르치시는 인생의 본분인 하나님을 영화롭게 하고 하나님을 기뻐하고 즐거워 하며 하나님을 경외하고 하나님 말씀에 순종하며 삼위 일체 하나님과 예수 그리스도와의 기록한 다스림에 날마다 참여되며 삼위일체 하나님과 예수 그리스도를 날마다 알아가고 닮아가는 우리들이 되기를 소원하는 마음으로 썼습니다.

하나님의 창조와 재창조의 사역과 성자 하나님의 구속사역과 성령하나님의 성화와 은총가운데서 잃어버린 양들을 찾고 잃어버린 양들을 하나님께서 받으시는 산제물이 되게 하시는 거룩한 사역에 참여되는 우리 모두가 되기 위하여 썼습니다.

지체들의 성원에 힘입어 먼저 솔로몬의 말씀들을 내어 놓게 되었습니다. 헌신하신 주명교회 성도님들과 사랑하는 아내와 아들과 종려가지 출판사 대표이신 한치호 목사님과 평창의 백기호 목사님께 깊은 감사를 드립니다.

예수 그리스도 안에서 더불어 함께 지어져 가는 모든 공시적 보편된 교회와 그 지체들에게 카톡 큐티로 쓴 성경직역 원문강해서를 바칩니다.

오직 하나님께 영광 돌립니다.

2022년 3월

김 상 수

목사 / 대한예수교장로회 주명교회

차례

추천사1 • **조병수** … 5

추천사2 • **이주형** … 7

추천사3 • **배안호** … 8

서문 … 10

잠언

잠언 1장 2절 … 16
잠언 2장 1절 … 18
잠언 3장 1절 … 21
잠언 4장 1절 … 24
잠언 5장 2절 … 27
잠언 6장 1절 … 30
잠언 7장 1절 … 32
잠언 8장 1절 … 35
잠언 9장 1절 … 38
잠언 10장 2절 … 41
잠언 11장 1절 … 45

잠언 12장 1절 … 49
잠언 13장 13절 … 53
잠언 14장 27절 … 56
잠언 15장 1절 … 59
잠언 16장 1절 … 62
잠언 17장 1절 … 65
잠언 18장 1절 … 68
잠언 19장 1절 … 72
잠언 20장 1절 … 76
잠언 21장 1절 … 80
잠언 22장 1절 … 83
잠언 23장 1절 … 86
잠언 24장 1절 … 89
잠언 25장 2절 … 92
잠언 26장 8절 … 96
잠언 27장 2절 … 100
잠언 28장 2절 … 104
잠언 29장 1절 … 107
잠언 30장 1절 … 111
잠언 31장 1절 … 114

전도서

전도서 1장 2절 ⋯ 120

전도서 2장 1절 ⋯ 123

전도서 3장 14절 ⋯ 125

전도서 4장 2절 ⋯ 128

전도서 5장 18절 ⋯ 130

전도서 6장 1절 ⋯ 133

전도서 7장 1절 ⋯ 136

전도서 8장 2절 ⋯ 140

전도서 9장 2절 ⋯ 143

전도서 10장 2절 ⋯ 146

전도서 11장 1절 ⋯ 149

전도서 12장 1절 ⋯ 151

아가

아가 1장 1절 ⋯ 156

아가 2장 1절 ⋯ 160

아가 3장 1절 ⋯ 163

아가 4장 1절 ⋯ 166

아가 5장 10절 ⋯ 170

아가 6장 2절 ⋯ 173

아가 7장 1절 ⋯ 177

아가 8장 1절 ⋯ 180

이 책의 출판소식에 전해온 찬사들 ⋯ 184

잠언

잠언 1장 2절

"이는 지혜와 훈계를 알게 하며 명철의 말씀을 깨닫게 하며"(개역개정판)

"(이는, 이 잠언들은) 지혜와 훈계를 알게 하고 명철의 말씀을 깨닫게 하고"(원문직역)

잠언 1장은 이스라엘 왕 솔로몬 왕의 잠언에 대한 기록입니다.

하나님께서 솔로몬 왕에 의하여 그리스도인들에게 잠언의 말씀을 주신 이유는?

첫째, 지혜로운 사람으로 빚으시려 하심입니다.
"어리석은 자를 슬기롭게 하며 젊은 자에게 지식과 근신함을 주기 위한 것이니 지혜 있는 자는 듣고 학식이 더할 것이요 명철한 자는 지략을 얻을 것이라"(잠 1:4-5)

둘째, 하나님을 경외하는 사람이 되라 하심입니다.
"여호와를 경외하는 것이 지식의 근본이거늘 미련한 자는 지혜와 훈계를 멸시하느니라"(잠 1:7)

셋째, 하나님의 형상을 회복시키시기 위함입니다.
"내 아들아 네 아비의 훈계를 들으며 네 어미의 법을 떠나지 말라 이는 네 머리의 아름다운 관이요 네 목의 금 사슬이니라"(잠 1:8-9)

넷째, 죄인의 길을 따라가지 않게 하기 위함입니다.
"내 아들아 악한 자가 너를 꾈지라도 따르지 말라"(잠 1:10)
"내 아들아 그들과 함께 길에 다니지 말라 네 발을 금하여 그 길을 밟지 말라"(잠 1:15)

다섯째, 생명 얻는 회개의 은총을 주시기 위함입니다.
"나의 책망을 듣고 돌이키라"(잠 1:23상)

여섯째, 성령님을 충만하게 주시기 위함입니다.
"보라 내가 나의 영을 너희에게 부어 주며"(잠 1:23중)

일곱째, 하나님 말씀을 전인적으로 알게 하려 하심입니다.
"내 말을 너희에게 보이리라"(잠 1:23하)

여덟째, 평강의 은총을 주시기 위함입니다.
"오직 내 말을 듣는 자는 평안히 살며 재앙의 두려움이 없이 안전하리라"(잠 1:33)

하나님께서 우리들을 사랑하셔서 하나님의 말씀을 주셨습니다. 그러므로 성삼위 하나님의 은혜로 하나님 말씀에 순종하며 하나님을 영화롭게 하는 우리 모두가 되기를 기도합니다.

잠언 2장 1절

> "내 아들아 네가 만일 나의 말을 받으며 나의 계명을 네게 간직하며"(개역개정판)
>
> "내 아들아 만일 네가 나의 말을 받으며 그리고 나의 명령을 간직하면"(원문직역)

잠언 2장은 하나님 말씀을 사모하는 자에게 주시는 복에 대한 말씀입니다. 그리스도인들은 지혜의 말씀을 사모하여 귀를 기울이고 기쁨으로 받고 마음판에 새기고 간직하며 기도하며 최고의 가치로 알고 찾는 사람들입니다.

"내 아들아 네가 만일 나의 말을 받으며 나의 계명을 네게 간직하며 네 귀를 지혜에 기울이며 네 마음을 명철에 두며 지식을 불러 구하며 명철을 얻으려고 소리를 높이며 은을 구하는 것 같이 그것을 구하며 감추어진 보배를 찾는 것 같이 그것을 찾으면"(잠 2:1-4)

하나님께서는 이러한 그리스도인들에게 하나님을 선하고 거룩한 위치에서 두려워하고 존경하는 경외의 은총을 주십니다.

"여호와 경외하기를 깨달으며"(잠 2:5상)

경외의 은총을 받은 그리스도인들에게는?

첫째, 삼위일체 하나님을 전인적으로 알고 체험적으로 아는 복을 주십니다.

"하나님을 알게 되리니"(잠 2:5하)

둘째, 지혜와 지식과 명철을 주십니다.
"대저 여호와는 지혜를 주시며 지식과 명철을 그 입에서 내심이며"(잠 2:6)

셋째, 온전한 지혜로 온전한 길을 걸어가게 하시며 방패가 되어 주십니다.
"그는 정직한 자를 위하여 완전한 지혜를 예비하시며 행실이 온전한 자에게 방패가 되시나니"(잠 2:7)

넷째, 공의의 길들을 걸어갈 수 있도록 보호하시고 성도의 길을 걸어갈 수 있도록 지켜 주십니다.
"대저 그는 정의의 길을 보호하시며 그의 성도들의 길을 보전하려 하심이니라"(잠 2:8)

다섯째, 모든 선한 길들인 의와 공의와 정직을 깨닫게 하십니다.
"그런즉 네가 공의와 정의와 정직 곧 모든 선한 길을 깨달을 것이라"(잠 2:9)

여섯째, 하나님을 아는 지혜와 지식으로 즐거워하게 하십니다.
"곧 지혜가 네 마음에 들어가며 지식이 네 영혼을 즐겁게 할 것이요"(잠 2:10)

일곱째, 신중함으로 지키시고 명철함으로 보존하십니다.
"근신이 너를 지키며 명철이 너를 보호하여"(잠 2:11)

여덟째, 악인들의 길에서부터 구출하십니다.

"악한 자의 길과 패역을 말하는 자에게서 건져 내리라"(잠 2:12)

아홉째, 육신적 음란과 영적 음란으로부터 구출해 주십니다.
"지혜가 또 너를 음녀에게서, 말로 호리는 이방 계집에게서 구원하리니"(잠 2:16)

열째, 하나님 나라 속에서 살게 하십니다.
"대저 정직한 자는 땅에 거하며 완전한 자는 땅에 남아 있으리라"(잠 2:21)

하나님을 경외하는 것이 인생의 본분이고 최고의 복입니다.
"일의 결국을 다 들었으니 하나님을 경외하고 그의 명령들을 지킬지어다 이것이 모든 사람의 본분이니라"(전 12:13)

성삼위 하나님의 은혜로 하나님을 경외하며 하나님을 영화롭게 하는 우리 모두가 되기를 기도합니다.

잠언 3장 1절

> "내 아들아 나의 법을 잊어버리지 말고 네 마음으로 나의 명령을 지키라"(개역개정판)

> "내 아들아 나의 율법을 잊지 말아라. 그리고 나의 명령을 네 마음으로 지키게 하여라"(원문직역)

잠언 3장은 지혜를 소유한 사람들에게 주시는 복에 대한 말씀입니다. 하나님께서는 '호크마'(하나님을 아는 참지식, 경건한 지혜)를 소유한 그리스도인들에게 복을 주십니다.

하나님께서 주시는 복은?

첫째, 번영적 의미의 장수입니다.
"그리하면 그것이 네가 장수하여 많은 해를 누리게 하며 평강을 더하게 하리라"(잠 3:2)
"그의 오른손에는 장수가 있고 그의 왼손에는 부귀가 있나니 그 길은 즐거운 길이요 그의 지름길은 다 평강이니라"(잠 3:16-17)

둘째, 하나님과 사람들에게 은혜를 받고 귀하게 여김을 받습니다.
"그리하면 네가 하나님과 사람 앞에서 은총과 귀중히 여김을 받으리라"(잠 3:4)

셋째, 올바른 길을 걸어가게 하십니다.

"너는 범사에 그를 인정하라 그리하면 네 길을 지도하시리라"(잠 3:6)

넷째, 전인적 치료의 은총을 베풀어 주십니다.
"이것이 네 몸에 양약이 되어 네 골수를 윤택하게 하리라"(잠 3:8)
"(이것이)네 몸을 위한 치료가 되며 그리고 너의 뼈들을 위한 회복제(=음료, 활력소)가 될 것이다"(잠 3:3, 원문직역)

다섯째, 하늘의 신령한 복과 땅의 기름진 복입니다.
"그리하면 네 창고가 가득히 차고 네 포도즙 틀에 새 포도즙이 넘치리라"(잠 3:10)

여섯째, 부성적 사랑의 징계입니다.
"내 아들아 여호와의 징계를 경히 여기지 말라 그 꾸지람을 싫어하지 말라 대저 여호와께서 그 사랑하시는 자를 징계하시기를 마치 아비가 그 기뻐하는 아들을 징계함 같이 하시느니라"(잠 3:11-12)

일곱째, 영생과 참 평안의 은총입니다.
"지혜는 그 얻은 자에게 생명 나무라 지혜를 가진 자는 복되도다"(잠 3:18)

여덟째, 사람들에게 존경과 사랑의 대상이 됩니다.
"그리하면 그것이 네 영혼의 생명이 되며 네 목에 장식이 되리니"(잠 3:22)
"그러면 그것들이 네 영혼에게 생명들이 될 것이다. 그리고 너의 목에 은혜가 될 것이다"(잠 3:22, 원문직역)

아홉째, 영광을 유업으로 물려받습니다.

"지혜로운 자는 영광을 기업으로 받거니와 미련한 자의 영달함은 수치가 되느니라"(잠 3:35)

지혜의 복을 받은 그리스도인들은 이웃을 사랑합니다.
"네 손이 선을 베풀 힘이 있거든 마땅히 받을 자에게 베풀기를 아끼지 말며"(잠 3:27)
그리고 악인의 일시적 형통을 부러워하지 않습니다.
"포학한 자를 부러워하지 말며 그의 어떤 행위도 따르지 말라 대저 패역한 자는 여호와께서 미워하시나 정직한 자에게는 그의 교통하심이 있으며"(잠 3:31-32)
"왜냐하면 그릇되게 가는 것을(=정도를 벗어난 사람은) 여호와께서 역겨워하시기 때문이다. 그리고 올곧은 사람들에게 그분의 비밀이(=친밀함, 교제) 있기 때문이다."(잠 3:32, 원문직역)

성삼위 하나님의 은혜로 지혜의 복을 받고 누리며 하나님을 영화롭게 하는 우리 모두가 되기를 기도합니다.

잠언 4장 1절

"아들들아 아비의 훈계를 들으며 명철을 얻기에 주의하라"(개역개정판)

"아들들아 너희는 아버지의 훈계를 들으라. 그리고 너희는 명철(=이해력)을 알기 위하여 경청하라"(원문직역)

잠언 4장은 지혜를 얻는 법과 지혜를 얻는 사람들에게 주시는 은총과 지혜의 은총 속에서 계속해서 걸어가는 길을 가르치고 있습니다. 지혜는 그리스도인들을 지켜 주고 높여 주고 존귀하게 만들어 주고 번영적 의미의 장수의 복을 주고 바른 길로 가게하고 넘어지지 않는 영생의 길을 가게 합니다.(잠 4:6-13)

"그를 높이라 그리하면 그가 너를 높이 들리라 만일 그를 품으면 그가 너를 영화롭게 하리라 그가 아름다운 관을 네 머리에 두겠고 영화로운 면류관을 네게 주리라 하셨느니라 내 아들아 들으라 내 말을 받으라 그리하면 네 생명의 해가 길리라"(잠 4:8-10)

그리스도인들이 지혜를 얻으려면 지혜의 말씀을 최고의 가치로 알고 예수 그리스도의 몸 된 교회에서 하나님 말씀을 잘 배우고 순종하고 간절한 마음으로 기도해야 합니다.(잠 4:1-5, 7)

"나도 내 아버지에게 아들이었으며 내 어머니 보기에 유약한 외아들이었노라 아버지가 내게 가르쳐 이르기를 내 말을 네 마음에 두라 내 명령을 지키라 그

리하면 살리라 지혜를 얻으며 명철을 얻으라 내 입의 말을 잊지 말며 어기지 말라"(잠 4:3-5)

은총으로 받은 지혜의 말씀을 지키려면?

첫째, 악인들의 길을 따라 살지 말아야 합니다.
"사악한 자의 길에 들어가지 말며 악인의 길로 다니지 말지어다 그의 길을 피하고 지나가지 말며 돌이켜 떠나갈지어다"(잠 4:14-15)

둘째, 마음을 지켜야 합니다.
"모든 지킬 만한 것 중에 더욱 네 마음을 지키라 생명의 근원이 이에서 남이니라"(잠 4:23)

마음을 지키기 위해서는?

첫째, 입술을 지켜야 합니다.
"구부러진 말을 네 입에서 버리며 비뚤어진 말을 네 입술에서 멀리 하라"(잠 4:24)

둘째, 눈을 지켜야 합니다.
"네 눈은 바로 보며 네 눈꺼풀은 네 앞을 곧게 살펴"(잠 4:25)

셋째, 발을 지켜야 합니다.
"네 발이 행할 길을 평단하게 하며 네 모든 길을 든든히 하라 좌로나 우로나 치우치지 말고 네 발을 악에서 떠나게 하라"(잠 4:26-27).

견고한 영(=마음)과 확고한 영(=마음)을 날마다 새롭게 하고 전진하는 하나님 나라에 성령님과 말씀을 따라 걸어가는 발이 되어야 합니다.

그리스도인들은 '호크마'의 은총 가운데 살아가는 하나님의 자녀들입니다. 그러므로 성삼위 하나님의 은혜로 지혜의 은총가운데 살아가며 하나님을 영화롭게 하는 우리 모두가 되기를 기도합니다.

잠언 5장 2절

> "근신을 지키며 네 입술로 지식을 지키도록 하라"(개역개정판)
>
> "신중함을 지키며 그리고 너의 입술의 지식을 보호하도록 하라.(=지키도록 하라)"(원문직역)

잠언 5장은 '자라'(율법에 대한 낯선 여인)를 따라가지 말라는 말씀입니다. '자라'(낯선 여인, 율법에 대한 낯선 여인)는 단순한 음녀 또는 매춘부만을 지칭하는 단어가 아닙니다.

'자라'(율법에 낯선 여인)라는 은유적 표현에는 매춘부와 같은 음란한 여인을 표상으로 육체의 소욕과 죄의 부패성과 오염성과 오만한 자아와 바알 신과 아세라 신을 따르는 악하고 음란한 세상 풍습과 산당 숭배와 같은 거짓 교리와 사단의 다스림을 가르칩니다.

'자라'(율법에 낯선 여인)를 따라가지 않으려면?

첫째, 하나님 말씀에 순종해야 합니다.
"내 아들아 내 지혜에 주의하며 내 명철에 네 귀를 기울여서 근신을 지키며 네 입술로 지식을 지키도록 하라"(잠 5:1-2)
"그런즉 아들들아 나에게 들으며 내 입의 말을 버리지 말고"(잠 5:7)

둘째, "자라"(율법에 낯선 여인)를 밀리해야 합니다.

"네 길을 그에게서 멀리 하라 그의 집 문에도 가까이 가지 말라 두렵건대 네 존영이 남에게 잃어버리게 되며 네 수한이 잔인한 자에게 빼앗기게 될까 하노라"(잠 5:8-9)

셋째, 훈계와 책망과 교훈을 무시하면 안 됩니다.

"말하기를 내가 어찌하여 훈계를 싫어하며 내 마음이 꾸지람을 가벼이 여기고 내 선생의 목소리를 청종하지 아니하며 나를 가르치는 이에게 귀를 기울이지 아니하였던고 많은 무리들이 모인 중에서 큰 악에 빠지게 되었노라 하게 될까 염려하노라"(잠 5:12-14)

넷째, 성실한 가정생활을 해야 합니다.

"너는 네 우물에서 물을 마시며 네 샘에서 흐르는 물을 마시라 어찌하여 네 샘물을 집 밖으로 넘치게 하며 네 도랑물을 거리로 흘러가게 하겠느냐"(잠 5:15-16)

다섯째, '엘 로이'(감찰하시는 하나님)를 두려워해야 합니다.

"대저 사람의 길은 여호와의 눈 앞에 있나니 그가 그 사람의 모든 길을 평탄하게 하시느니라"(잠 5:21)

'자라'(낯선 여인, 율법에 대한 낯선 여인)와 '자나'(율법에 대한 낯선 여인과 관계를 맺는 것)하면 '조나'(매춘부, 영적 매춘부)가 됩니다. '조나'(매춘부, 영적 매춘부)가 되었는데도 하나님 말씀을 무시하고 회개하지 않으면 '헤렘'(진멸) 당합니다. 구약 경륜(=시대, 교회)의 역사입니다. 하나님 말씀에 순종하지 않고는 결코 죄악을 이기지 못하며 어리석음을 극복할 수 없습니다.

"악인은 자기의 악에 걸리며 그 죄의 줄에 매이나니 그는 훈계를 받지 아니함으로 말미암아 죽겠고 심히 미련함으로 말미암아 혼미하게 되느니라"(잠 5:22-23)

하나님의 말씀과 하나님의 나라가 동의어임을 뼛속 깊이 새겨야 합니다. 그러므로 성삼위 하나님의 은혜로 하나님 말씀에 순종하며 하나님을 영화롭게 하는 우리 모두가 되기를 기도합니다.

잠언 6장 1절

> "내 아들아 네가 만일 이웃을 위하여 담보하며 타인을 위하여 보증하였으면"(개역개정판)
>
> "내 아들아 만일 네가 이웃을 위하여 보증을 서고 네가 낯선 사람을 위하여 네 손이 손뼉을 쳤다면"(원문직역)

잠언 6장은 지혜로운 사람의 삶을 가르치는 말씀입니다.

지혜로운 그리스도인들은?

첫째, 감당치 못할 보증을 서지 말아야 합니다.
"내 아들아 네가 만일 이웃을 위하여 담보하며 타인을 위하여 보증하였으면 네 입의 말로 네가 얽혔으며 네 입의 말로 인하여 잡히게 되었느니라"(잠 6:1-2)

둘째, 게으르지 말아야 합니다.
"게으른 자여 개미에게 가서 그가 하는 것을 보고 지혜를 얻으라 개미는 두령도 없고 감독자도 없고 통치자도 없으되 먹을 것을 여름 동안에 예비하며 추수 때에 양식을 모으느니라"(잠 6:6-8)

셋째, 악인들과 동행하지 말아야 합니다.
"불량하고 악한 자는 구부러진 말을 하고 다니며 눈짓을 하며 발로 뜻을 보이며 손가락질을 하며 그의 마음에 패역을 품으며 항상 악을 꾀하여 다툼을 일

으키는 자라 그러므로 그의 재앙이 갑자기 내려 당장에 멸망하여 살릴 길이 없으리라"(잠 6:12-15)

넷째, 하나님께서 역겨워 하시는 죄악들을 마음에 도려내어야 합니다.
"여호와께서 미워하시는 것 곧 그의 마음에 싫어하시는 것이 예닐곱 가지이니 곧 교만한 눈과 거짓된 혀와 무죄한 자의 피를 흘리는 손과 악한 계교를 꾀하는 마음과 빨리 악으로 달려가는 발과 거짓을 말하는 망령된 증인과 및 형제 사이를 이간하는 자이니라"(잠 6:16-19)

다섯째, 하나님 말씀에 순종해야 합니다.
"내 아들아 네 아비의 명령을 지키며 네 어미의 법을 떠나지 말고 그것을 항상 네 마음에 새기며 네 목에 매라"(잠 6:20-21)

여섯째, 간음하지 말아야 합니다.(잠 6:24-35)
"네 마음에 그의 아름다움을 탐하지 말며 그 눈꺼풀에 홀리지 말라 음녀로 말미암아 사람이 한 조각 떡만 남게 됨이며 음란한 여인은 귀한 생명을 사냥함이니라"(잠 6:25-26)

지혜로운 그리스도인들은 하나님 말씀에 순종하는 사람들입니다.

"대저 명령은 등불이요 법은 빛이요 훈계의 책망은 곧 생명의 길이라"(잠 6:23)

성삼위 하나님의 은혜로 하나님 말씀에 순종하며 하나님을 영화롭게 하는 우리 모두가 되기를 기도합니다.

잠언 7장 1절

> "내 아들아 내 말을 지키며 내 계명을 간직하라"(개역개정판)

> "내 아들아 너는 내 말들을 지키라. 그리고 너는 나의 명령들을 네게 간직하여라"(원문직역)

잠언 7장은 율법의 낯선 여인인 음녀의 유혹에 넘어가지 말라는 말씀입니다.

음녀의 유혹에 넘어가지 말아야 하는 이유는?

첫째, 죄의 포로가 되어 영혼과 육체가 심판 받기 때문입니다.
"젊은이가 곧 그를 따랐으니 소가 도수장으로 가는 것 같고 미련한 자가 벌을 받으려고 쇠사슬에 매이러 가는 것과 같도다 필경은 화살이 그 간을 뚫게 되리니 새가 빨리 그물로 들어가되 그의 생명을 잃어버릴 줄을 알지 못함과 같으니라"(잠 7:22-23)

둘째, 사망과 지옥으로 인도하기 때문입니다.
"그의 집은 스올의 길이라 사망의 방으로 내려가느니라"(잠 7:27)

음녀의 유혹에 넘어가지 않으려면?

첫째, 하나님 말씀에 순종하며 살아야 합니다.

"내 아들아 내 말을 지키며 내 계명을 간직하라 내 계명을 지켜 살며 내 법을 네 눈동자처럼 지키라 이것을 네 손가락에 매며 이것을 네 마음판에 새기라 지혜에게 너는 내 누이라 하며 명철에게 너는 내 친족이라 하라"(잠 7:1-4)
"이제 아들들아 내 말을 듣고 내 입의 말에 주의하라"(잠 7:24)

둘째, '페타임'(어리석은 자)이 되어서는 안 됩니다.
"내가 내 집 들창으로, 살창으로 내다보다가 어리석은 자 중에, 젊은이 가운데에 한 지혜 없는 자를 보았노라"(잠 7:6-7)

"페타임"(어리석은 자)은 항상 마음이 열려있는 무방비 상태에 있으며 생각이 단순하고 '누스'(하나님을 아는 지식, 지각)가 없는 자들입니다.

셋째, 정욕을 만족시키기 위해 음녀의 근처로 가서는 안 됩니다.
"그가 거리를 지나 음녀의 골목 모퉁이로 가까이 하여 그의 집쪽으로 가는데 저물 때, 황혼 때, 깊은 밤 흑암 중에라"(잠 7:8-9)

넷째, 음녀의 유혹에 넘어가지 말아야 합니다.
"내가 화목제를 드려 서원한 것을 오늘 갚았노라 이러므로 내가 너를 맞으려고 나와 네 얼굴을 찾다가 너를 만났도다"(잠 7:14-15)
"오라 우리가 아침까지 흡족하게 서로 사랑하며 사랑함으로 희락하자"(잠 7:18)
"여러 가지 고운 말로 유혹하며 입술의 호리는 말로 꾀므로"(잠 7:21)

음녀는 거짓 교리와 말초적인 쾌락과 많은 학식들과 세련되고 부드러운 수사법을 구사합니다.

다섯째, 죄의 길에서 방황하지 말고 타협하지 말아야 합니다.
"네 마음이 음녀의 길로 치우치지 말며 그 길에 미혹되지 말지어다"(잠 7:25)

수많은 영웅들이 음녀에게 쓰러졌습니다.
"대저 그가 많은 사람을 상하여 엎드러지게 하였나니 그에게 죽은 자가 허다하니라"(잠 7:26)

우리들의 힘과 능력으로 음녀를 이길 수 없습니다. 도덕적이고 의지적인 결단으로 이길 수 없습니다. 오직 성령님을 의지하고 따라 살 때만 이길 수 있습니다.

"내가 이르노니 너희는 성령을 따라 행하라 그리하면 육체의 욕심을 이루지 아니하리라"(갈 5:16)

성령님을 따라 사는 사람은 하나님 말씀을 듣고 보고 생각과 마음판에 새기고 다스림 받고 순종하는 사람이 됩니다.

"이제 아들들아 내 말을 듣고 내 입의 말에 주의하라"(잠 7:24)

성삼위 하나님의 은혜로 '자라'(낯선 여인, 율법에 낯선 여인)를 이기며 하나님을 영화롭게 하는 우리 모두가 되기를 기도합니다.

잠언 8장 1절

> "지혜가 부르지 아니하느냐 명철이 소리를 높이지 아니하느냐"(개역개정판)
>
> "지혜가 부르지 않느냐? 그리고 명철이 자기의 음성을 높이지 않느냐?"(원문직역)

잠언 8장은 지혜의 소중함을 가르치는 말씀입니다.

지혜가 소중한 이유는?

첫째, 고상하고 바르기 때문입니다.
"너희는 들을지어다 내가 가장 선한 것을 말하리라 내 입술을 열어 정직을 내리라"(잠 8:6)

둘째, 진리이기 때문입니다.
"내 입은 진리를 말하며 내 입술은 악을 미워하느니라"(잠 8:7)

셋째, 의롭기 때문입니다.
"내 입의 말은 다 의로운즉 그 가운데에 굽은 것과 패역한 것이 없나니"(잠 8:8)

넷째, 정직하고 올곧기 때문입니다.
"이는 다 총명 있는 자가 밝히 아는 바요 지식 얻은 자가 정직하게 여기는 바

니라"(잠 8:9)
"그 모든 것을 이해하려고 하는 자에게 정직한 것이며 그리고 지식을 얻으려 하는 자들에게는 올 곧은 것이다"(잠 8:9, 원문직역)

다섯째, 가장 고귀한 가치이기 때문입니다.
"대저 지혜는 진주보다 나으므로 원하는 모든 것을 이에 비교할 수 없음이니라"(잠 8:11)

여섯째, 가장 슬기롭고 신중하기 때문입니다.
"나 지혜는 명철로 주소를 삼으며 지식과 근신을 찾아 얻나니"(잠 8:12)
"나 지혜는 슬기와 함께 거주한다. 그리고 나는 신중함의 지식을 찾을 것이다"(잠 8:12, 원문직역)

일곱째, 지략과 명철과 능력이 있기 때문입니다.(잠 8:14-16)
"내게는 계략과 참 지식이 있으며 나는 명철이라 내게 능력이 있으므로"(잠 8:14)

여덟째, 부와 명예와 의로움이 있기 때문입니다.
"부귀가 내게 있고 장구한 재물과 공의도 그러하니라"(잠 8:18)
"부와 명예가 내게 있으며 가치 있는 부와 의로움도(내게 있다)"(잠 8:18, 원문직역)

아홉째, 의의 길과 공의의 길을 가르치기 때문입니다.
"나는 정의로운 길로 행하며 공의로운 길 가운데로 다니나니"(잠 8:20)

열째, 하늘의 신령한 복과 땅의 기름진 복을 주기 때문입니다.

"이는 나를 사랑하는 자가 재물을 얻어서 그 곳간에 채우게 하려 함이니라"(잠 8:21)

열한째, 창조의 사역에 참여 하셨기 때문입니다.
"만세 전부터, 태초부터, 땅이 생기기 전부터 내가 세움을 받았나니"(잠 8:23)
"내가 그 곁에 있어서 창조자가 되어 날마다 그의 기뻐하신 바가 되었으며 항상 그 앞에서 즐거워하였으며 사람이 거처할 땅에서 즐거워하며 인자들을 기뻐하였느니라"(잠 8:30-31)

말씀이 육신 되신 분이 예수 그리스도입니다.

"태초에 말씀이 계시니라 이 말씀이 하나님과 함께 계셨으니 이 말씀은 곧 하나님이시니라 그가 태초에 하나님과 함께 계셨고 만물이 그로 말미암아 지은 바 되었으니 지은 것이 하나도 그가 없이는 된 것이 없느니라"(요 1:1-3)

복 있는 사람은 지혜의 말씀을 얻기 위하여 주리고 목마른 마음으로 사모합니다.

"누구든지 내게 들으며 날마다 내 문 곁에서 기다리며 문설주 옆에서 기다리는 자는 복이 있나니"(잠 8:3)

성삼위 하나님의 은혜로 지혜를 사모하며 하나님을 영화롭게 하는 우리 모두가 되기를 기도합니다.

잠언 9장 1절

> "지혜가 그의 집을 짓고 일곱 기둥을 다듬고"
> (개역개정판)
>
> "지혜가 자신의 집을 지었다. 그것은 일곱 개의 기둥을 다듬었다"(원문직역)

잠언 9장은 지혜의 사역을 기록하고 있습니다. 지혜를 인격화시킵니다. 지혜는 말씀이신 예수 그리스도를 표상합니다.

"태초에 말씀이 계시니라 이 말씀이 하나님과 함께 계셨으니 이 말씀은 곧 하나님이시니라 그가 태초에 하나님과 함께 계셨고 만물이 그로 말미암아 지은 바 되었으니 지은 것이 하나도 그가 없이는 된 것이 없느니라"(요 1:1-3)

"내가 그 곁에 있어서 창조자가 되어 날마다 그의 기뻐하신 바가 되었으며 항상 그 앞에서 즐거워하였으며 사람이 거처할 땅에서 즐거워하며 인자들을 기뻐하였느니라"(잠 8:30-31)

지혜는?

첫째, 예수 그리스도의 몸 된 교회를 세웁니다.
"지혜가 그의 집을 짓고 일곱 기둥을 다듬고"(잠 9:1)
"만일 내가 지체하면 너로 하여금 하나님의 집에서 어떻게 행하여야 할지를 알게 하려 함이니 이 집은 살아 계신 하나님의 교회요 진리의 기둥과 터니라"(딤전 3:15)

둘째, 예수 그리스도의 대속 사역의 은총과 성만찬의 신령한 은혜를 받게 합니다.

"짐승을 잡으며 포도주를 혼합하여 상을 갖추고"(잠 9:2)
"너는 와서 내 식물을 먹으며 내 혼합한 포도주를 마시고"(잠 9:5)
"그들이 먹을 때에 예수께서 떡을 가지사 축복하시고 떼어 제자들에게 주시며 이르시되 받아서 먹으라 이것은 내 몸이니라 하시고 또 잔을 가지사 감사 기도 하시고 그들에게 주시며 이르시되 너희가 다 이것을 마시라 이것은 죄 사함을 얻게 하려고 많은 사람을 위하여 흘리는 바 나의 피 곧 언약의 피니라"(마 26:26-28)

셋째, 복음의 사역자들을 보내십니다.

"자기의 여종을 보내어 성중 높은 곳에서 불러 이르기를 어리석은 자는 이리로 돌이키라 또 지혜 없는 자에게 이르기를 너는 와서 내 식물을 먹으며 내 혼합한 포도주를 마시고 어리석음을 버리고 생명을 얻으라 명철의 길을 행하라 하느니라"(잠 9:3-6)
"보내심을 받지 아니하였으면 어찌 전파하리요 기록된 바 아름답도다 좋은 소식을 전하는 자들의 발이여 함과 같으니라"(롬 10:15)

넷째, 지혜 있는 사람을 올곧은 길로 가게 합니다.(잠 9:7-9)

"지혜 있는 자에게 교훈을 더하라 그가 더욱 지혜로워질 것이요 의로운 사람을 가르치라 그의 학식이 더하리라"(잠 9:9)

다섯째, 하나님을 경외하게 하고 하나님을 전인적으로 알게 합니다.

"여호와를 경외하는 것이 지혜의 근본이요 거룩하신 자를 아는 것이 명철이니라"(잠 9:10)

여섯째, 번영적 의미의 장수의 복을 줍니다.
"나 지혜로 말미암아 네 날이 많아질 것이요 네 생명의 해가 네게 더하리라 네가 만일 지혜로우면 그 지혜가 네게 유익할 것이나 네가 만일 거만하면 너 홀로 해를 당하리라"(잠 9:11-12)

일곱째, 율법에 낯선 미련한 여인을 따라가는 어리석은 사람이 되지 않게 합니다.
"오직 그 어리석은 자는 죽은 자들이 거기 있는 것과 그의 객들이 스올 깊은 곳에 있는 것을 알지 못하느니라"(잠 9:18)

지혜는 이 세상에 있는 어떤 것보다 가장 소중하고 귀한 가치가 있습니다.

"지혜를 얻은 자와 명철을 얻은 자는 복이 있나니 이는 지혜를 얻는 것이 은을 얻는 것보다 낫고 그 이익이 정금보다 나음이니라 지혜는 진주보다 귀하니 네가 사모하는 모든 것으로도 이에 비교할 수 없도다"(잠 3:13-15)

성삼위 하나님의 은혜로 지혜를 사랑하며 하나님을 영화롭게 하는 우리 모두가 되기를 기도합니다.

잠언 10장 2절

> "불의의 재물은 무익하여도 공의는 죽음에서 건지느니라"(개역개정판)
>
> "악의 재물들은 유익을 주지 못할 것이다. 그러나 의로움은 죽음으로부터 구출할 것이다"(원문직역)

잠언 10장은 하나님께서 의인들에게 주시는 복과 악인들에게 내리시는 진노를 대조하며 기록하고 있습니다.

하나님께서 의인들에게 내리시는 복은?

첫째, 부모에게 기쁨 되는 복입니다.
"솔로몬의 잠언이라 지혜로운 아들은 아비를 기쁘게 하거니와 미련한 아들은 어미의 근심이니라"(잠 10:1)

둘째, 주리지 않는 복입니다.
"불의의 재물은 무익하여도 공의는 죽음에서 건지느니라 여호와께서 의인의 영혼은 주리지 않게 하시나 악인의 소욕은 물리치시느니라"(잠 10:2-3)

셋째, 근면의 복입니다.
"손을 게으르게 놀리는 자는 가난하게 되고 손이 부지런한 자는 부하게 되느니라"(잠 10:4)

넷째, 하늘 위에서 내리는 복입니다.
"의인의 머리에는 복이 임하나 악인의 입은 독을 머금었느니라"(잠 10:6)
"의인의 머리에는 복이 있다. 그러나 악인들의 입은 폭력을 덮고 있다"(잠 10:6, 원문직역)

다섯째, 이름이 소중하게 기억되는 복입니다.
"의인을 기념할 때에는 칭찬하거니와 악인의 이름은 썩게 되느니라"(잠 10:7)

여섯째, 하나님 말씀에 순종하는 복입니다.
"마음이 지혜로운 자는 계명을 받거니와 입이 미련한 자는 멸망하리라"(잠 10:8)

일곱째, 교리적 순결과 도덕적 순결의 복입니다.
"바른 길로 행하는 자는 걸음이 평안하려니와 굽은 길로 행하는 자는 드러나리라"(잠 10:9)

여덟째, 착한 입술의 복입니다.
"의인의 혀는 순은과 같거니와 악인의 마음은 가치가 적으니라 의인의 입술은 여러 사람을 교육하나 미련한 자는 지식이 없어 죽느니라"(잠 10:20-21)

아홉째, 사랑으로 허물을 덮어주는(=긍휼) 복입니다.
"미움은 다툼을 일으켜도 사랑은 모든 허물을 가리느니라"(잠 10:12)

열째, 거룩한 지식의 복입니다.
"지혜로운 자는 지식을 간직하거니와 미련한 자의 입은 멸망에 가까우니

라"(잠 10:14)

열한째, 땅의 기름진 복입니다.
"여호와께서 주시는 복은 사람을 부하게 하고 근심을 겸하여 주지 아니하시느니라"(잠 10:22)

열두째, 영생의 복입니다.
"의인의 수고는 생명에 이르고 악인의 소득은 죄에 이르느니라"(잠 10:16)

열셋째, 경건의 훈련의 복입니다.
"훈계를 지키는 자는 생명 길로 행하여도 징계를 버리는 자는 그릇 가느니라"(잠 10:17)

열넷째, 지혜의 복입니다.
"미련한 자는 행악으로 낙을 삼는 것 같이 명철한 자는 지혜로 낙을 삼느니라"(잠 10:23)

열다섯째, 거룩한 소원이 이루어지는 복입니다.
"악인에게는 그의 두려워하는 것이 임하거니와 의인은 그 원하는 것이 이루어지느니라"(잠10:24)

열여섯째, 환난 속에서도 보존되는 복입니다.
"회오리바람이 지나가면 악인은 없어져도 의인은 영원한 기초 같으니라"(잠 10:25)

열일곱째, 경외와 번영적 의미의 장수의 복입니다.

"여호와를 경외하면 장수하느니라 그러나 악인의 수명은 짧아지느니라"(잠 10:27)

열여덟째, 하나님 나라를 유업으로 주는 복입니다.

"의인은 영영히 이동되지 아니하여도 악인은 땅에 거하지 못하게 되느니라"(잠 10:30)

하나님께서 의인들에게 하나님의 영광을 위하여 하늘의 신령한 복과 땅의 기름진 복을 주십니다. 그러므로 성삼위 하나님의 은혜로 하나님께서 주시는 복을 누리며 하나님을 영화롭게 하는 우리 모두가 되기를 기도합니다.

잠언 11장 1절

> "속이는 저울은 여호와께서 미워하시나 공평한 추는 그가 기뻐하시느니라"(개역개정판)
>
> "거짓된 저울은 여호와께 역겨운 것이다. 그러나 공정한 추는 그분의 기쁨이다"(원문직역)

잠언 11장은 의인의 삶과 악인의 삶을 대조하며 기록하였습니다.

의인들의 삶은?

첫째, 진실한 삶입니다.
"속이는 저울은 여호와께서 미워하시나 공평한 추는 그가 기뻐하시느니라"(잠 11:1)

둘째, 겸손한 삶입니다.
"교만이 오면 욕도 오거니와 겸손한 자에게는 지혜가 있느니라"(잠 11:2)

셋째, 올곧은 삶입니다.
"정직한 자의 성실은 자기를 인도하거니와 사악한 자의 패역은 자기를 망하게 하느니라"(잠 11:3)

넷째, 믿음으로 사는 삶입니다.
"재물은 진노하시는 날에 무익하나 공의는 죽음에서 건지느니라"(잠 11:4)

다섯째, 교리적 성결과 도덕적 성결의 삶입니다.

"완전한 자의 공의는 자기의 길을 곧게 하려니와 악한 자는 자기의 악으로 말미암아 넘어지리라"(잠 11:5)

여섯째, 하나님과 하나님 말씀을 전인적으로 아는 지식으로 사는 삶입니다.

"악인은 입으로 그의 이웃을 망하게 하여도 의인은 그의 지식으로 말미암아 구원을 얻느니라"(잠 11:9)

일곱째, 공동체를 세우는 삶입니다.

"의인이 형통하면 성읍이 즐거워하고 악인이 패망하면 기뻐 외치느니라 성읍은 정직한 자의 축복으로 인하여 진흥하고 악한 자의 입으로 말미암아 무너지느니라"(잠 11:10-11)

여덟째, 입술이 착한 삶입니다.

"지혜 없는 자는 그의 이웃을 멸시하나 명철한 자는 잠잠하느니라 두루 다니며 한담하는 자는 남의 비밀을 누설하나 마음이 신실한 자는 그런 것을 숨기느니라"(잠 11:12-13)

아홉째, 지혜와 은혜와 사랑으로 사는 삶입니다.

"인자한 자는 자기의 영혼을 이롭게 하고 잔인한 자는 자기의 몸을 해롭게 하느니라"(잠 11:17)

열째, 의를 굳게 지키는 삶입니다.

"악인의 삯은 허무하되 공의를 뿌린 자의 상은 확실하니라 공의를 굳게 지키

는 자는 생명에 이르고 악을 따르는 자는 사망에 이르느니라"(잠 11:18-19)

열한째, 분별력 있는 삶입니다.
"아름다운 여인이 삼가지 아니하는 것은 마치 돼지 코에 금 고리 같으니라"(잠 11:22)

열두째, 섬기는 삶입니다.
"흩어 구제하여도 더욱 부하게 되는 일이 있나니 과도히 아껴도 가난하게 될 뿐이니라 구제를 좋아하는 자는 풍족하여질 것이요 남을 윤택하게 하는 자는 자기도 윤택하여지리라"(잠 11:24-25)
"흩어 나누어주는 사람은 그러나 오히려 부는 더해질 수 있다. 그러나 과도하게 아끼는 자는 오히려 가난해질 수 있다. 축복하는 영혼은 기름질 것이다. 그리고 물을 만족히 마시게 하는 자는 또한 그도 물을 마시우게 될 것이다"(잠 11:24-25, 원문직역)

열셋째, 공동체를 사랑하는 삶입니다.
"곡식을 내놓지 아니하는 자는 백성에게 저주를 받을 것이나 파는 자는 그의 머리에 복이 임하리라"(잠 11:26)

열넷째, 선을 간절히 찾는 삶입니다.
"선을 간절히 구하는 자는 은총을 얻으려니와 악을 더듬어 찾는 자에게는 악이 임하리라"(잠 11:27)

열다섯째, 자신의 부를 의지하지 않는 삶입니다.
"자기의 재물을 의지하는 자는 패망하려니와 의인은 푸른 잎사귀 같아서 번성하리라"(잠 11:28)

열여섯째, 자신의 가정을 세우는 삶입니다.

"자기 집을 해롭게 하는 자의 소득은 바람이라 미련한 자는 마음이 지혜로운 자의 종이 되리라"(잠 11:29)

열일곱째, 성령님의 열매를 맺는 삶입니다.

"의인의 열매는 생명 나무라 지혜로운 자는 사람을 얻느니라"(잠 11:30)

의인의 삶은 성령님과 말씀 따라 사랑으로 사는 삶입니다. 그러므로 성삼위 하나님의 은혜로 의인의 삶을 살며 하나님을 영화롭게 하는 우리 모두가 되기를 기도합니다.

잠언 12장 1절

> "훈계를 좋아하는 자는 지식을 좋아하거니와 징계를 싫어하는 자는 짐승과 같으니라"(개역개정판)
>
> "훈계를 사랑하는 자는 지식을 사랑하는 자이다. 그러나 책망을 미워하는 자는 우둔한 자이다"(원문직역)

잠언 12장은 의인들이 걸어가야 하는 길들에 대한 말씀입니다.

의인의 길을 걸어가는 그리스도인들은?

첫째, 훈계를 사랑하고 책망과 충고를 잘 듣는 사람입니다.
"훈계를 좋아하는 자는 지식을 좋아하거니와 징계를 싫어하는 자는 짐승과 같으니라"(잠 12:1)
"미련한 자는 자기 행위를 바른 줄로 여기나 지혜로운 자는 권고를 듣느니라"(잠 12:15)

둘째, 선합니다.
"선인은 여호와께 은총을 받으려니와 악을 꾀하는 자는 정죄하심을 받으리라"(잠 12:2)

셋째, 공의로운 생각을 합니다.
"의인의 생각은 정직하여도 악인의 도모는 속임이니라"(잠 12:5)
"의인들의 생각들은 공의롭다. 악인들의 궁리들은 속임수이다"(잠 12:5, 원문직역)

넷째, 착한 입술로 살아갑니다.
"칼로 찌름 같이 함부로 말하는 자가 있거니와 지혜로운 자의 혀는 양약과 같으니라 진실한 입술은 영원히 보존되거니와 거짓 혀는 잠시 동안만 있을 뿐이니라"(잠 12:18-19)

다섯째, 깨달은 하나님 말씀으로 삽니다.
"사람은 그 지혜대로 칭찬을 받으려니와 마음이 굽은 자는 멸시를 받으리라"(잠 12:8)

여섯째, 겸손한 위치에서 삽니다.
"비천히 여김을 받을지라도 종을 부리는 자는 스스로 높은 체하고도 음식이 핍절한 자보다 나으니라"(잠 12:9)

일곱째, 긍휼을 베푸는 사람입니다.
"의인은 가축의 생명을 돌보나 악인의 긍휼은 잔인이니라"(잠 12:10)

여덟째, 근면하고 성실하고 부지런합니다.
"자기의 토지를 경작하는 자는 먹을 것이 많거니와 방탕한 것을 따르는 자는 지혜가 없느니라 악인은 불의의 이익을 탐하나 의인은 그 뿌리로 말미암아 결실하느니라"(잠 12:11-12)

아홉째, 오래 참는 사람입니다.
"미련한 자는 당장 분노를 나타내거니와 슬기로운 자는 수욕을 참느니라"(잠 12:16)

열째, 바른 증언을 합니다.

"진리를 말하는 자는 의를 나타내어도 거짓 증인은 속이는 말을 하느니라"(잠 12:17)

열한째, 화평을 추구합니다.

"악을 꾀하는 자의 마음에는 속임이 있고 화평을 의논하는 자에게는 희락이 있느니라"(잠 12:20)

열두째, 겸손의 위치에서 바른 지식을 적절한 때에 바르게 드러냅니다.

"슬기로운 자는 지식을 감추어도 미련한 자의 마음은 미련한 것을 전파하느니라"(잠 12:23)

열셋째, 하나님 말씀을 따라 삽니다.

"근심이 사람의 마음에 있으면 그것으로 번뇌하게 되나 선한 말은 그것을 즐겁게 하느니라"(잠 12:25)

열넷째, 바른 길을 걸어갑니다.

"의인은 그 이웃의 인도자가 되나 악인의 소행은 자신을 미혹하느니라"(잠 12:26)

열다섯째, 믿음으로 삽니다.

"공의로운 길에 생명이 있나니 그 길에는 사망이 없느니라"(잠 12:28)
"의의 길에는 생명이 있다. 그리고 그가 다니는 길에는 사망이 없다"(잠 12:28, 원문직역)

그리스도인은 의의 길로 걸어갑니다. 그러므로 성삼위 하나님의 은혜로 의의 길로 걸어가며 하나님을 영화롭게 하는 우리 모두가 되기를 기도합니다.

잠언 13장 13절

> "말씀을 멸시하는 자는 자기에게 패망을 이루고 계명을 두려워하는 자는 상을 받느니라"(개역개정판)
>
> "말씀을 멸시하는 자는 자신에게 멸망을 가져온다. 그러나 명령을 두려워하는 그는 보상을 받을 것이다"(원문직역)

잠언 13장도 지혜를 따라 사는 의인의 길을 가르치는 말씀입니다.

지혜를 따라 의인의 길을 걸어가는 그리스도인들은?

첫째, 훈계를 사랑합니다.
"지혜로운 아들은 아비의 훈계를 들으나 거만한 자는 꾸지람을 즐겨 듣지 아니하느니라"(잠 13:1)

둘째, 착한 입술을 가진 사람입니다.
"사람은 입의 열매로 인하여 복록을 누리거니와 마음이 궤사한 자는 강포를 당하느니라 입을 지키는 자는 자기의 생명을 보전하나 입술을 크게 벌리는 자에게는 멸망이 오느니라"(잠 13:2-3)

셋째, 부지런합니다.
"게으른 자는 마음으로 원하여도 얻지 못하나 부지런한 자의 마음은 풍족함을 얻느니라"(잠 13:4)

넷째, 거짓말을 미워합니다.

"의인은 거짓말을 미워하나 악인은 행위가 흉악하여 부끄러운 데에 이르느니라 공의는 행실이 정직한 자를 보호하고 악은 죄인을 패망하게 하느니라"(잠 13:5-6)

다섯째, 외식하지 않습니다.

"스스로 부한 체하여도 아무 것도 없는 자가 있고 스스로 가난한 체하여도 재물이 많은 자가 있느니라 사람의 재물이 자기 생명의 속전일 수 있으나 가난한 자는 협박을 받을 일이 없느니라"(잠 13:7-8)

여섯째, 선한 행실을 합니다.
"의인의 빛은 환하게 빛나고 악인의 등불은 꺼지느니라"(잠 13:9)

일곱째, 겸손합니다.
"교만에서는 다툼만 일어날 뿐이라 권면을 듣는 자는 지혜가 있느니라"(잠 13:10)

여덟째, 성실하게 땀을 흘리고 수고합니다.
"망령되이 얻은 재물은 줄어가고 손으로 모은 것은 늘어가느니라"(잠 13:11)

아홉째, 말씀을 따라 살아갑니다.
"말씀을 멸시하는 자는 자기에게 패망을 이루고 계명을 두려워하는 자는 상을 받느니라 지혜 있는 자의 교훈은 생명의 샘이니 사망의 그물에서 벗어나게 하느니라"(잠 13:13-14)

열째, 착하고 충성된 사람입니다.
"악한 사자는 재앙에 빠져도 충성된 사신은 양약이 되느니라"(잠 13:17)

열한째, 지혜로운 사람과 동행합니다.
"지혜로운 자와 동행하면 지혜를 얻고 미련한 자와 사귀면 해를 받느니라 재앙은 죄인을 따르고 선한 보응은 의인에게 이르느니라"(잠 13:20-21)

열두째, 하나님 영광을 위하여 재물을 쓰는 사람입니다.
"불의로 말미암아 가산을 탕진하는 자가 있느니라"(잠 13:23하)
"의인은 포식하여도 악인의 배는 주리느니라"(잠 13:25)
"의인은 자기의 영혼으로 만족하게 먹는다. 그러나 악인의 배는 부족하게 된다"(잠 13:25, 원문직역)

지혜를 따라 의인의 길을 걸어가는 그리스도인들은 하나님 존전 앞에서 하나님을 선하고 거룩한 위치에서 두려워하며 하나님 말씀에 순종하는 삶을 삽니다. 그러므로 성삼위 하나님의 은혜로 의인의 길을 걸어가며 하나님을 영화롭게 하는 우리 모두가 되기를 기도합니다.

잠언 14장 27절

"여호와를 경외하는 것은 생명의 샘이니 사망의 그물에서 벗어나게 하느니라"(개역개정판)

"여호와를 경외하는 것은 생명의 샘이다. 죽음의 올무에서부터 벗어나게 한다"(원문직역)

잠언 14장은 지혜로운 사람의 삶을 가르치는 말씀입니다.

지혜로운 그리스도인들은?

첫째, 자신의 집을 세우는 사람입니다.
"지혜로운 여인은 자기 집을 세우되 미련한 여인은 자기 손으로 그것을 허느니라"(잠 14:1)

둘째, 올곧은 길을 걸어갑니다.
"정직하게 행하는 자는 여호와를 경외하여도 패역하게 행하는 자는 여호와를 경멸하느니라"(잠 14:2)

셋째, 입술이 착합니다.
"미련한 자는 교만하여 입으로 매를 자청하고 지혜로운 자의 입술은 자기를 보전하느니라"(잠 14:3)
"신실한 증인은 거짓말을 아니하여도 거짓 증인은 거짓말을 뱉느니라"(잠 14:5)

넷째, 노력합니다.

"소가 없으면 구유는 깨끗하려니와 소의 힘으로 얻는 것이 많으니라"(잠 14:4)
"백성이 많은 것은 왕의 영광이요 백성이 적은 것은 주권자의 패망이니라"(잠 14:28)

다섯째, '호크마'를 따라 삽니다.
"거만한 자는 지혜를 구하여도 얻지 못하거니와 명철한 자는 지식 얻기가 쉬우니라 너는 미련한 자의 앞을 떠나라 그 입술에 지식 있음을 보지 못함이니라 슬기로운 자의 지혜는 자기의 길을 아는 것이라도 미련한 자의 어리석음은 속이는 것이니라"(잠 14:6-8)

여섯째, 죄를 두려워합니다.
"미련한 자는 죄를 심상히 여겨도 정직한 자 중에는 은혜가 있느니라"(잠 14:9)

일곱째, 하나님을 경외합니다.
"지혜로운 자는 두려워하여 악을 떠나나 어리석은 자는 방자하여 스스로 믿느니라"(잠 14:16)
"여호와를 경외하는 자에게는 견고한 의뢰가 있나니 그 자녀들에게 피난처가 있으리라 여호와를 경외하는 것은 생명의 샘이니 사망의 그물에서 벗어나게 하느니라"(잠 14:26-27)

여덟째, 가난한 사람들에게 은혜를 베푸는 사람입니다.
"가난한 사람을 학대하는 자는 그를 지으신 이를 멸시하는 자요 궁핍한 사람을 불쌍히 여기는 자는 주를 공경하는 자니라"(잠 14:31)

아홉째, 땀을 흘리며 수고합니다.

"모든 수고에는 이익이 있어도 입술의 말은 궁핍을 이룰 뿐이니라"(잠 14:23)

열째, 하나님 나라와 의를 위해 재물을 쓰는 사람입니다.

"지혜로운 자의 재물은 그의 면류관이요 미련한 자의 소유는 다만 미련한 것이니라"(잠 14:24)

열한째, 오래 참는 사람입니다.

"노하기를 더디 하는 자는 크게 명철하여도 마음이 조급한 자는 어리석음을 나타내느니라"(잠 14:29)

열두째, 평온한 마음의 사람입니다.

"평온한 마음은 육신의 생명이나 시기는 뼈를 썩게 하느니라"(잠 14:30)

열셋째, 하나님 나라 속에서 삽니다.

"악인은 그의 환난에 엎드러져도 의인은 그의 죽음에도 소망이 있느니라"(잠 14:32)

"악인은 자기의 악으로 내밀린다. 그러나 의인은 그의 죽음 가운데에서도 피난처가 있다"(잠 14:32, 원문직역)

지혜로운 그리스도인은 하나님 나라 속에서 하나님 말씀에 순종합니다. 그러므로 성삼위 하나님의 은혜로 하나님 말씀에 순종하며 하나님을 영화롭게 하는 우리 모두가 되기를 기도합니다.

잠언 15장 1절

> "유순한 대답은 분노를 쉬게 하여도 과격한 말은 노를 격동하느니라"(개역개정판)
>
> "부드러운 대답은 진노를 돌아가게 한다. 그러나 거친 말은 분노를 일으킨다"(원문직역)

잠언 15장은 의인의 삶과 악인의 삶을 대조하며 가르칩니다.

의인의 삶을 따라가는 그리스도인들은?

첫째, 입술이 착합니다.
"온순한 혀는 곧 생명나무이지만 패역한 혀는 마음을 상하게 하느니라"(잠 15:4)

둘째, 하나님의 존전 앞에 삽니다.
"여호와의 눈은 어디서든지 악인과 선인을 감찰하시느니라"(잠 15:3)
"스올과 아바돈도 여호와의 앞에 드러나거든 하물며 사람의 마음이리요"(잠 15:11)

셋째, 훈계와 책망을 소중하게 여기며 삽니다.
"생명의 경계를 듣는 귀는 지혜로운 자 가운데에 있느니라 훈계 받기를 싫어하는 자는 자기의 영혼을 경히 여김이라 견책을 달게 받는 자는 지식을 얻느니라"(잠 15:31-32)

넷째, 성실하게 땀을 흘리며 살아갑니다.
"게으른 자의 길은 가시 울타리 같으나 정직한 자의 길은 대로니라"(잠 15:19)

다섯째, 생활 예배를 드리며 바른 기도를 드리는 사람입니다.
"악인의 제사는 여호와께서 미워하셔도 정직한 자의 기도는 그가 기뻐하시느니라"(잠 15:8)
"여호와는 악인을 멀리 하시고 의인의 기도를 들으시느니라"(잠 15:29)

여섯째, 의의 길을 끝까지 따라갑니다.
"악인의 길은 여호와께서 미워하셔도 공의를 따라가는 자는 그가 사랑하시느니라"(잠 15:9)

일곱째, 하나님으로 인해 기뻐하고 즐거워합니다.
"마음의 즐거움은 얼굴을 빛나게 하여도 마음의 근심은 심령을 상하게 하느니라"(잠 15:13)

여덟째, 하나님 말씀을 따라갑니다.
"명철한 자의 마음은 지식을 요구하고 미련한 자의 입은 미련한 것을 즐기느니라"(잠 15:14)

아홉째, 하나님을 경외합니다.
"가산이 적어도 여호와를 경외하는 것이 크게 부하고 번뇌하는 것보다 나으니라"(잠 15:16)
"여호와를 경외하는 것은 지혜의 훈계라"(잠 15:33상)

열째, 물질보다 사람을 사랑합니다.
"채소를 먹으며 서로 사랑하는 것이 살진 소를 먹으며 서로 미워하는 것보다 나으니라"(잠 15:17)

열한째, 오래 참는 사람입니다.
"분을 쉽게 내는 자는 다툼을 일으켜도 노하기를 더디 하는 자는 시비를 그치게 하느니라"(잠 15:18)

열두째, 독선적으로 살지 않습니다.
"의논이 없으면 경영이 무너지고 지략이 많으면 경영이 성립하느니라"(잠 15:22)

열셋째, 겸손합니다.
"겸손은 존귀의 길잡이니라"(잠 15:33하)

의인의 삶을 사는 그리스도인들은 복 있는 사람들입니다. 그러므로 성삼위 하나님의 은혜로 복 있는 의인의 길로 걸어가며 하나님을 영화롭게 하는 우리 모두가 되기를 기도합니다.

잠언 16장 1절

> "마음의 경영은 사람에게 있어도 말의 응답은 여호와께로부터 나오느니라"(개역개정판)
>
> "마음의 계획은 사람에게 있다. 그러나 여호와로부터 혀의 응답이 있다"(원문직역)

잠언 16장은 하나님의 주권적 다스림에 대한 말씀입니다. 삼위일체 하나님은 하나님의 선하시고 의로우시고 자유로우시고 기뻐하시는 뜻을 스스로 실행하시고 성취하시고 완성하시는 분입니다.

엄위로운 주권을 가지시고 온 천하 만물을 다스리는 하나님은?

첫째, 의인과 악인을 모두 다스리십니다.
"마음의 경영은 사람에게 있어도 말의 응답은 여호와께로부터 나오느니라"(잠 16:1)
"여호와께서 온갖 것을 그 쓰임에 적당하게 지으셨나니 악인도 악한 날에 적당하게 하셨느니라"(잠 16:4)
"제비는 사람이 뽑으나 모든 일을 작정하기는 여호와께 있느니라"(잠 16:33)

둘째, 왕을 다스리십니다.
"하나님의 말씀이 왕의 입술에 있은즉 재판할 때에 그의 입이 그르치지 아니하리라"(잠 16:10)
"(하나님의) 판결이 왕의 입술 위에 있으면 재판에서 그의 입이 불신실하게 행

하지 않을 것이다"(잠 16:10, 원문직역)

잠언 16:10-15절에서 말씀하는 왕은 일반 체제 국가에서의 왕이 아니라 신정 체제 국가인 구약 시대 이스라엘 왕에 대한 말씀입니다.

셋째, 하나님 말씀을 주시고 하나님 말씀 따라 살게 하십니다.
"지혜를 얻는 것이 금을 얻는 것보다 얼마나 나은고 명철을 얻는 것이 은을 얻는 것보다 더욱 나으니라"(잠 16:16)

넷째, 의의 길을 가도록 하십니다.
"악을 떠나는 것은 정직한 사람의 대로이니 자기의 길을 지키는 자는 자기의 영혼을 보전하느니라"(잠 16:17)
"어떤 길은 사람이 보기에 바르나 필경은 사망의 길이니라"(잠 16:25)

다섯째, 겸손한 이들에게 은혜를 주십니다.
"교만은 패망의 선봉이요 거만한 마음은 넘어짐의 앞잡이니라 겸손한 자와 함께 하여 마음을 낮추는 것이 교만한 자와 함께 하여 탈취물을 나누는 것보다 나으니라"(잠 16:18-19)

여섯째, 착한 입술을 주십니다.
"지혜로운 자의 마음은 그의 입을 슬기롭게 하고 또 그의 입술에 지식을 더하느니라 선한 말은 꿀송이 같아서 마음에 달고 뼈에 양약이 되느니라"(잠 16:23-24)

일곱째, 인생들에게 일반은총의 복을 주십니다.

"고되게 일하는 자는 식욕으로 말미암아 애쓰나니 이는 그의 입이 자기를 독촉함이니라"(잠 16:26)
"수고하는 자의 영혼은 자기를 위하여 수고한다. 왜냐하면 자기의 입이 자기를 재촉하기 때문이다 "(잠 16:26, 원문직역)

여덟째, 마음을 다스리는 복을 주십니다.
"노하기를 더디하는 자는 용사보다 낫고 자기의 마음을 다스리는 자는 성을 빼앗는 자보다 나으니라"(잠 16:32)

하나님의 허락이 없으면 어떤 일도 우리에게 일어날 수 없습니다.

"참새 두 마리가 한 앗사리온에 팔리지 않느냐 그러나 너희 아버지께서 허락하지 아니하시면 그 하나도 땅에 떨어지지 아니하리라"(마 10:29)

예수 그리스도의 대속사역 은총으로 구원받은 그리스도인들은 악한 고난에서 해방된 사람들입니다. 그리스도인들에게 일어나는 모든 일들은 유익된 일입니다.

"우리가 알거니와 하나님을 사랑하는 자 곧 그의 뜻대로 부르심을 입은 자들에게는 모든 것이 합력하여 선을 이루느니라"(롬 8:28)

그러므로 성삼위 하나님의 은혜로 하나님의 주권적 다스림을 굳게 신뢰하며 하나님을 영화롭게 하는 우리 모두가 되기를 기도합니다.

잠언 17장 1절

"마른 떡 한 조각만 있고도 화목하는 것이 제육이 집에 가득하고도 다투는 것보다 나으니라"(개역개정판)

"마른 빵 한 조각과 그것으로 화목한 것이 다툼의 희생 제물이 가득한 집보다 낫다"(원문직역)

잠언 17장은 지혜로운 사람들의 삶을 가르치고 있습니다.

지혜로운 그리스도인들은?

첫째, 화목한 가정을 세웁니다.
"마른 떡 한 조각만 있고도 화목하는 것이 제육이 집에 가득하고도 다투는 것보다 나으니라"(잠 17:1)

둘째, 지혜를 따라 살아갑니다.
"슬기로운 종은 부끄러운 짓을 하는 주인의 아들을 다스리겠고 또 형제들 중에서 유업을 나누어얻으리라"(잠 17:2)
"지혜는 명철한 자 앞에 있거늘 미련한 자는 눈을 땅 끝에 두느니라"(잠 17:24)

셋째, 연단 속에서 하나님의 사람으로 빚어집니다.
"도가니는 은을, 풀무는 금을 연단하거니와 여호와는 마음을 연단하시느니라"(잠 17:3)

넷째, 착한 입술을 갖고 있습니다.

"허물을 덮어 주는 자는 사랑을 구하는 자요 그것을 거듭 말하는 자는 친한 벗을 이간하는 자니라"(잠 17:9)

다섯째, 가난한 사람들을 돌아봅니다.

"가난한 자를 조롱하는 자는 그를 지으신 주를 멸시하는 자요 사람의 재앙을 기뻐하는 자는 형벌을 면하지 못할 자니라"(잠 17:5)

여섯째, 하나님 말씀으로 자녀들을 양육합니다.

"손자는 노인의 면류관이요 아비는 자식의 영화니라"(잠 17:6)

일곱째, 뇌물을 거부하고 진실한 삶을 살아갑니다.

"뇌물은 그 임자가 보기에 보석 같은즉 그가 어디로 향하든지 형통하게 하느니라"(잠 17:8)

여덟째, 충성스럽습니다.

"악한 자는 반역만 힘쓰나니 그러므로 그에게 잔인한 사자가 보냄을 받으리라"(잠 17:11)

아홉째, 가치판단을 의롭게 합니다.

"악인을 의롭다 하고 의인을 악하다 하는 이 두 사람은 다 여호와께 미움을 받느니라"(잠 17:15)

열째, 하나님으로 인하여 기뻐하고 즐거워합니다.

"마음의 즐거움은 양약이라도 심령의 근심은 뼈를 마르게 하느니라"(잠

17:22)

그리스도인들은 '호크마'를 따라 사는 사람들입니다. 그러므로 성삼위 하나님의 은혜로 지혜를 따라 살아가며 하나님을 영화롭게 하는 우리 모두가 되기를 기도합니다.

잠언 18장 1절

> "무리에게서 스스로 갈라지는 자는 자기 소욕을 따르는 자라 온갖 참 지혜를 배척하느니라"(개역개정판)
> "자기 자신을 분리하는 자는 욕망(=탐욕)을 찾는 것이다. 모든 완전한 지혜와 그는 다툼(=갈등, 싸움)을 일으킨다"(원문직역)

잠언 18장은 삶의 모든 영역에서 덕을 세우는 지혜로운 사람들의 삶을 가르칩니다.

삶의 모든 영역에서 지혜로운 삶을 사는 그리스도인들은?

첫째, 육체의 소욕과 비진리를 따라 자신을 분리시키지 않습니다.
"무리에게서 스스로 갈라지는 자는 자기 소욕을 따르는 자라 온갖 참 지혜를 배척하느니라"(잠 18:1)

진리 따라 살기 위하여 비진리로부터 자신을 분리시키는 사람을 가르치는 말씀이 아닙니다.

둘째, 명철합니다.
"미련한 자는 명철을 기뻐하지 아니하고 자기의 의사를 드러내기만 기뻐하느니라"(잠 18:2)

명철한 사람은 성령님과 말씀을 따라 삽니다.

셋째, 악인의 길을 따라가지 않습니다.

"악한 자가 이를 때에는 멸시도 따라오고 부끄러운 것이 이를 때에는 능욕도 함께 오느니라"(잠 18:3)

악인은 공동체의 삶에서 다른 사람들을 멸시하고 수치스럽게 만들고 명예를 훼손시킵니다.

넷째, 착한 입술을 소유합니다.

"사람은 입에서 나오는 열매로 말미암아 배부르게 되나니 곧 그의 입술에서 나는 것으로 말미암아 만족하게 되느니라 죽고 사는 것이 혀의 힘에 달렸나니 혀를 쓰기 좋아하는 자는 혀의 열매를 먹으리라"(잠 18:20-21)

다섯째, 부지런합니다.

"자기의 일을 게을리 하는 자는 패가하는 자의 형제니라"(잠 18:9)

여섯째, 하나님의 이름을 굳게 신뢰합니다.

"여호와의 이름은 견고한 망대라 의인은 그리로 달려가서 안전함을 얻느니라"(잠 18:10)

일곱째, 재물을 사랑하지 않습니다.

"부자의 재물은 그의 견고한 성이라 그가 높은 성벽 같이 여기느니라"(잠 18:11)

"부자의 재산은 그의 힘 있는 성읍이다. 그리고 그의 상상에서 높아진 성벽과 같다"(잠 18:11, 원문직역)

여덟째, 겸손합니다.

"사람의 마음의 교만은 멸망의 선봉이요 겸손은 존귀의 길잡이니라"(잠 18:12)

"가난한 자는 간절한 말로 구하여도 부자는 엄한 말로 대답하느니라"(잠 18:23)

아홉째, 건강한 영혼을 가집니다.

"사람의 심령은 그의 병을 능히 이기려니와 심령이 상하면 그것을 누가 일으키겠느냐"(잠 18:14)

열째, 하나님 아는 지식을 사모합니다.

"명철한 자의 마음은 지식을 얻고 지혜로운 자의 귀는 지식을 구하느니라"(잠 18:15)

열한째, 순수한 마음으로 섬깁니다.

"사람의 선물은 그의 길을 넓게 하며 또 존귀한 자 앞으로 그를 인도하느니라"(잠 18:16)

선물은 뇌물과 다르게 순수하고 존경하는 마음으로 주는 예물입니다.

열두째, 신중합니다.

"송사에서는 먼저 온 사람의 말이 바른 것 같으나 그의 상대자가 와서 밝히느니라"(잠 18:17)

열셋째, 하나님의 뜻에 순종합니다.

"제비 뽑는 것은 다툼을 그치게 하여 강한 자 사이에 해결하게 하느니라"(잠 18:18)

열넷째, 형제들과 화목합니다.
"노엽게 한 형제와 화목하기가 견고한 성을 취하기보다 어려운즉 이러한 다툼은 산성 문빗장 같으니라"(잠 18:19)

열다섯째, 하나님의 은총 속에 삽니다.
"아내를 얻는 자는 복을 얻고 여호와께 은총을 받는 사니라"(잠 18:22)

열여섯째, 사랑으로 삽니다.
"많은 친구를 얻는 자는 해를 당하게 되거니와 어떤 친구는 형제보다 친밀하니라"(잠 18:24)

그리스도인들이 삶의 모든 영역에서 덕을 세우는 삶은 지혜로운 삶입니다. 그러나 이런 지혜로운 삶은 우리 자신의 도덕적 결단과 의지적 결단으로 도저히 살아갈 수 없는 삶입니다. 오직 하나님께서 베풀어주시는 은혜와 성령님과 말씀을 따를 때만 가능합니다. 그러므로 성삼위 하나님의 은혜로 삶의 모든 영역에서 덕을 세우며 하나님을 영화롭게 하는 우리 모두가 되기를 기도합니다.

잠언 19장 1절

> "가난하여도 성실하게 행하는 자는 입술이 패역하고 미련한 자보다 나으니라"(개역개정판)
>
> "자신의 온전함으로 걸어가는 가난한 자가 그의 입술들이 왜곡되고 미련한 자보다 낫다"(원문직역)

잠언 19장은 지혜로운 그리스도인의 삶을 가르치고 있습니다.

지혜로운 그리스도인들은?

첫째, 교리적 성결과 도덕적 성결로 살아갑니다.
"가난하여도 성실하게 행하는 자는 입술이 패역하고 미련한 자보다 나으니라"(잠 19:1)

둘째, 하나님의 말씀에 다스림을 받습니다.
"지식 없는 소원은 선하지 못하고 발이 급한 사람은 잘못 가느니라 사람이 미련하므로 자기 길을 굽게 하고 마음으로 여호와를 원망하느니라"(잠 19:2-3)
"또한 지식이 없는 영혼은 좋지 않다. 그리고 그들의 발로 급하게 달려가는 자는 죄 짓는다"(잠 19:2, 원문직역)

셋째, 진실하게 증언합니다.
"거짓 증인은 벌을 면하지 못할 것이요 거짓말을 하는 자도 피하지 못하리라"(잠 19:5)

넷째, 가난한 지체들을 돌아봅니다.

"가난한 자는 그의 형제들에게도 미움을 받거든 하물며 친구야 그를 멀리 하지 아니하겠느냐 따라가며 말하려 할지라도 그들이 없어졌으리라"(잠 19:7)

"가난한 자를 불쌍히 여기는 것은 여호와께 꾸어 드리는 것이니 그의 선행을 그에게 갚아 주시리라"(잠 19:17)

다섯째, 지혜로운 마음과 명철로 살아갑니다.

"지혜를 얻는 자는 자기 영혼을 사랑하고 명철을 지키는 자는 복을 얻느니라"(잠 19:8)

여섯째, 오래 참고 용서합니다.

"노하기를 더디 하는 것이 사람의 슬기요 허물을 용서하는 것이 자기의 영광이니라"(잠 19:11)

일곱째, 부지런합니다.

"게으름이 사람으로 깊이 잠들게 하나니 태만한 사람은 주릴 것이니라"(잠 19:15)

여덟째, 하나님 말씀에 순종합니다.

"계명을 지키는 자는 자기의 영혼을 지키거니와 자기의 행실을 삼가지 아니하는 자는 죽으리라"(잠 19:16)

아홉째, 소망을 품고 사랑으로 자식을 징계합니다.

"네가 네 아들에게 희망이 있은즉 그를 징계하되 죽일 마음은 두지 말지니라"(잠 18:18)

"또 아비들아 너희 자녀를 노엽게 하지 말고 오직 주의 교훈과 훈계로 양육하라"(엡 6:4)

열째, 온유합니다.
"노하기를 맹렬히 하는 자는 벌을 받을 것이라 네가 그를 건져 주면 다시 그런 일이 생기리라"(잠 19:19)

열한째, 조언과 훈계를 받습니다.
"너는 권고를 들으며 훈계를 받으라 그리하면 네가 필경은 지혜롭게 되리라"(잠 19:20)

열두째, 사랑과 진실을 소원합니다.
"사람은 자기의 인자함으로 남에게 사모함을 받느니라 가난한 자는 거짓말하는 자보다 나으니라"(잠 19:22)
"사람의 소원은 자신의 인애이다. 그리고 가난한 자는 거짓말 하는 자보다 좋다."(잠 19:22, 원문직역)

열셋째, 하나님을 경외합니다.
"여호와를 경외하는 것은 사람으로 생명에 이르게 하는 것이라 경외하는 자는 족하게 지내고 재앙을 당하지 아니하느니라"(잠 19:23)

열넷째, 부모를 공경합니다.
"아비를 구박하고 어미를 쫓아내는 자는 부끄러움을 끼치며 능욕을 부르는 자식이니라"(잠 19:26)

열다섯째, 거짓 교리를 거부합니다.

"내 아들아 지식의 말씀에서 떠나게 하는 교훈을 듣지 말지니라"(잠 19:27)

지혜로운 그리스도인들은 하나님 말씀에 순종하는 그리스도인들입니다. 그러므로 성삼위 하나님의 은혜로 하나님 말씀에 순종하며 하나님을 영화롭게 하는 우리 모두가 되기를 기도합니다.

잠언 20장 1절

"포도주는 거만하게 하는 것이요 독주는 떠들게 하는 것이라 이에 미혹되는 자마다 지혜가 없느니라"(개역개정판)

"포도주는 거만하게 하는 것이다. 독주는 소란케 한다. 그리고 그것 안에서 비틀거리는 모든 자는 지혜가 없는 것이다"(원문직역)

잠언 20장도 지혜로운 마음을 가진 그리스도인들의 삶을 가르칩니다.

지혜로운 마음을 가진 그리스도인들은?

첫째, 술(=세상)을 사랑하지 않습니다.
"포도주는 거만하게 하는 것이요 독주는 떠들게 하는 것이라 이에 미혹되는 자마다 지혜가 없느니라"(잠 20:1)
"이 세상이나 세상에 있는 것들을 사랑하지 말라 누구든지 세상을 사랑하면 아버지의 사랑이 그 안에 있지 아니하니 이는 세상에 있는 모든 것이 육신의 정욕과 안목의 정욕과 이생의 자랑이니 다 아버지께로부터 온 것이 아니요 세상으로부터 온 것이라 이 세상도, 그 정욕도 지나가되 오직 하나님의 뜻을 행하는 자는 영원히 거하느니라"(요일 2:15-17)

둘째, 하나님께서 세우신 권위를 존중합니다.
"왕의 진노는 사자의 부르짖음 같으니 그를 노하게 하는 것은 자기의 생명을 해하는 것이니라"(잠 20:2)

셋째, 화평케 합니다.

"다툼을 멀리 하는 것이 사람에게 영광이거늘 미련한 자마다 다툼을 일으키느니라"(잠 20:3)

"다툼을 그치게 하는 것이 사람에게 영광이다. 그러나 모든 어리석은 자는 조급히 싸움에 뛰어든다"(잠 20:3)

"화평하게 하는 자는 복이 있나니 그들이 하나님의 아들이라 일컬음을 받을 것임이요"(마 5:9)

넷째, 통찰력이 있습니다.

"사람의 마음에 있는 모략은 깊은 물 같으니라 그럴지라도 명철한 사람은 그것을 길어 내느니라"(잠 20:5)

다섯째, 교리적 성결과 도덕적 성결을 따라갑니다.

"많은 사람이 각기 자기의 인자함을 자랑하나니 충성된 자를 누가 만날 수 있으랴 온전하게 행하는 자가 의인이라 그의 후손에게 복이 있느니라"(잠 20:6-7)

여섯째, 자신이 죄인임을 고백합니다.

"내가 내 마음을 정하게 하였다 내 죄를 깨끗하게 하였다 할 자가 누구냐"(잠 20:9)

여덟째, 진실을 따라갑니다.

"한결같지 않은 저울 추와 한결같지 않은 되는 다 여호와께서 미워하시느니라"(잠 20:10)

아홉째, 하나님 영광을 위해 눈과 귀를 사용합니다.

"듣는 귀와 보는 눈은 다 여호와께서 지으신 것이니라"(잠 20:12)

열째, 부지런합니다.
"너는 잠자기를 좋아하지 말라 네가 빈궁하게 될까 두려우니라 네 눈을 뜨라 그리하면 양식이 족하리라"(잠 20:13)

열한째, 착한 입술의 사람입니다.
"세상에 금도 있고 진주도 많거니와 지혜로운 입술이 더욱 귀한 보배니라"(잠 20:15)

열두째, 신중합니다.
"경영은 의논함으로 성취하나니 지략을 베풀고 전쟁할지니라"(잠 20:18)

열셋째, 부모를 공경합니다.
"자기의 아비나 어미를 저주하는 자는 그의 등불이 흑암 중에 꺼짐을 당하리라 처음에 속히 잡은 산업은 마침내 복이 되지 아니하느니라"(잠 20:20-21)

열넷째, 보복하지 않습니다.
"너는 악을 갚겠다 말하지 말고 여호와를 기다리라 그가 너를 구원하시리라"(잠 20:22)

열다섯째, 합법적 맹세와 서원을 합니다.
"함부로 이 물건은 거룩하다 하여 서원하고 그 후에 살피면 그것이 그 사람에게 덫이 되느니라"(잠 20:25)

열여섯째, 선한 양심을 갖고 있습니다.
"사람의 영혼은 여호와의 등불이라 사람의 깊은 속을 살피느니라"(잠 20:27)

열일곱째, 인애와 진리를 따라 삽니다.
"왕은 인자와 진리로 스스로 보호하고 그의 왕위도 인자함으로 말미암아 견고하니라"(잠 20:28)

열여덟째, 나이에 걸맞은 힘(=패기와 용기)과 아름다움(=지식과 성품)을 소유합니다.
"젊은 자의 영화는 그의 힘이요 늙은 자의 아름다움은 백발이니라"(잠 20:29)

열아홉째, 자녀를 주의 교양과 훈계로 양육합니다.
"상하게 때리는 것이 악을 없이하나니 매는 사람 속에 깊이 들어가느니라"(잠 20:30)

복 있는 그리스도인들은 지혜로운 삶을 따라 살아가는 사람들입니다. 그러므로 성삼위 하나님의 은혜로 지혜로운 삶을 따라 살아가며 하나님을 영화롭게 하는 우리 모두가 되기를 기도합니다.

잠언 21장 1절

"왕의 마음이 여호와의 손에 있음이 마치 봇물과 같아서 그가 임의로 인도하시느니라"(개역개정판)

"왕의 마음은 여호와의 손 안에 있는 수로이다. 그가 기뻐하는 모든 곳으로 그가 그것을 돌린다"(원문직역)

잠언 21장도 지혜를 따라 사는 그리스도인의 삶을 가르칩니다.

지혜로운 그리스도인들은?

첫째, 하나님의 주권을 믿습니다.
"지혜로도 못하고, 명철로도 못하고 모략으로도 여호와를 당하지 못하느니라 싸울 날을 위하여 마병을 예비하거니와 이김은 여호와께 있느니라"(잠 21:30-31)

둘째, 감찰하시는 하나님을 믿습니다.
"사람의 행위가 자기 보기에는 모두 정직하여도 여호와는 마음을 감찰하시느니라"(잠 21:2)

셋째, 하나님을 사랑하고 바르고 정직한 삶을 살아갑니다.
"공의와 정의를 행하는 것은 제사 드리는 것보다 여호와께서 기쁘게 여기시느니라"(잠 21:3)
"의와 공의를 행하는 것은 제사보다 여호와께 기쁘시게 하는 것이다"(잠 21:3, 원문직역)

넷째, 올 곧은 길을 걸어갑니다.

"죄를 크게 범한 자의 길은 심히 구부러지고 깨끗한 자의 길은 곧으니라"(잠 21:8)

다섯째, 화목합니다.

"다투는 여인과 함께 큰 집에서 사는 것보다 움막에서 사는 것이 나으니라"(잠 21:9, 19)

"다투기를 좋아하는 아내와 함께 큰 집에서 사는 것보다 지붕의 한 모퉁이에서 혼자 사는 것이 낫다"(잠 21:9, 원문직역)

여섯째, 지혜를 따라 살아갑니다.

"지혜로운 자는 용사의 성에 올라가서 그 성이 의지하는 방벽을 허느니라"(잠 21:22)

일곱째, 가난한 사람들을 돌아봅니다.

"귀를 막고 가난한 자가 부르짖는 소리를 듣지 아니하면 자기가 부르짖을 때에도 들을 자가 없으리라"(잠 21:13)

여덟째, 규모 있는 검소한 삶을 삽니다.

"연락을 좋아하는 자는 가난하게 되고 술과 기름을 좋아하는 자는 부하게 되지 못하느니라"(잠 21:17)

아홉째, 저축합니다.

"지혜 있는 자의 집에는 귀한 보배와 기름이 있으나 미련한 자는 이것을 다 삼켜 버리느니라"(잠 21:20)

열째, 하나님을 사랑하고 이웃을 사랑합니다.

"공의와 인자를 따라 구하는 자는 생명과 공의와 영광을 얻느니라"(잠 21:21)
"의와 인애를 추적하는 사람은 생명과 의와 영광을 찾을 것이다"(잠 21:21, 원문직역)

열한째, 입술이 착합니다.

"입과 혀를 지키는 자는 자기의 영혼을 환난에서 보전하느니라"(잠 21:23)

열두째, 부지런합니다.

"게으른 자의 욕망이 자기를 죽이나니 이는 자기의 손으로 일하기를 싫어함이니라"(잠 21:25)

열셋째, 베풉니다.

"어떤 자는 종일토록 탐하기만 하나 의인은 아끼지 아니하고 베푸느니라"(잠 21:26)

열넷째, 신중합니다.

"악인은 자기의 얼굴을 굳게 하나 정직한 자는 자기의 행위를 삼가느니라"(잠 31:29)

지혜로운 그리스도인들은 하나님 말씀에 순종하는 사람들입니다. 그러므로 성삼위 하나님의 은혜로 하나님 말씀에 순종하며 하나님을 영화롭게 하는 우리 모두가 되기를 기도합니다.

잠언 22장 1절

> "많은 재물보다 명예를 택할 것이요 은이나 금보다 은 총을 더욱 택할 것이니라"(개역개정판)
>
> "많은 재물보다 이름을 선택할 것이며 그리고 은이나 금보다 은혜가 더 좋다"(원문직역)

잠언 22장도 지혜로운 그리스도인들의 삶을 가르치고 있습니다.

지혜로운 그리스도인들은?

첫째, 그리스도인의 이름과 하나님의 은혜를 소중히 여깁니다.
"많은 재물보다 명예를 택할 것이요 은이나 금보다 은총을 더욱 택할 것이니라"(잠 22:1)

둘째, 재앙을 보고 피하는 슬기로움이 있습니다.
"슬기로운 자는 재앙을 보면 숨어 피하여도 어리석은 자는 나가다가 해를 받느니라"(잠 22:3)

셋째, 겸손의 위치에서 살며 하나님을 경외합니다.
"겸손과 여호와를 경외함의 보상은 재물과 영광과 생명이니라"(잠 22:4)

넷째, 바른 길을 걸어갑니다.
"패역한 자의 길에는 가시와 올무가 있거니와 영혼을 지키는 자는 이를 멀리

하느니라"(잠 22:5)

다섯째, 주의 교양과 훈계로 자녀를 양육합니다.
"마땅히 행할 길을 아이에게 가르치라 그리하면 늙어도 그것을 떠나지 아니하리라"(잠 22:6)

여섯째, 복음의 의를 전파합니다.
"악을 뿌리는 자는 재앙을 거두리니 그 분노의 기세가 쇠하리라"(잠 22:8)

일곱째, 가난한 이들을 돌아보는 착한 지식의 사람입니다.
"선한 눈을 가진 자는 복을 받으리니 이는 양식을 가난한 자에게 줌이니라"(잠 22:9)

여덟째, 마음이 청결합니다.
"마음의 정결을 사모하는 자의 입술에는 덕이 있으므로 임금이 그의 친구가 되느니라"(잠 22:11)

아홉째, 하나님의 말씀을 사랑합니다.
"너는 귀를 기울여 지혜 있는 자의 말씀을 들으며 내 지식에 마음을 둘지어다"(잠 22:17)

열째, 하나님을 신뢰합니다.
"내가 네게 여호와를 의뢰하게 하려 하여 이것을 오늘 특별히 네게 알게 하였노니"(잠 22:19)
"너의 신뢰가 여호와에게 있도록 내가 너를 오늘 가르쳤다. 참으로 너에게 까

지다"(잠 22:19, 원문직역)

열한째, 혈기와 분노를 따라가지 않습니다.
"노를 품는 자와 사귀지 말며 울분한 자와 동행하지 말지니 그의 행위를 본받아 네 영혼을 올무에 빠뜨릴까 두려움이니라"(잠 22:24-25)

열두째, 보증을 서지 않습니다.
"너는 사람과 더불어 손을 잡지 말며 남의 빚에 보증을 서지 말라 만일 갚을 것이 네게 없으면 네 누운 침상도 빼앗길 것이라 네가 어찌 그리하겠느냐"(잠 22:26-27)

열셋째, 이웃의 재산을 탐하지 않습니다.
"네 선조가 세운 옛 지계석을 옮기지 말지니라"(잠 22:28)

열넷째, 하나님께서 주신 은사를 성실하게 감당합니다.
"네가 자기의 일에 능숙한 사람을 보았느냐 이러한 사람은 왕 앞에 설 것이요 천한 자 앞에 서지 아니하리라"(잠 22:29)

지혜로운 사람은 하나님의 은혜의 법 아래 살아갑니다. 그러므로 성삼위 하나님의 은혜로 지혜로운 삶을 살며 하나님을 영화롭게 하는 우리 모두가 되기를 기도합니다.

잠언 23장 1절

> "네가 관원과 함께 앉아 음식을 먹게 되거든 삼가 네 앞에 있는 자가 누구인지를 생각하며"(개역개정판)
>
> "참으로 네가 통치자와 함께 식사를 하기 위하여 앉아 있을 때 너는 네 앞에 있는 자를 잘 깨달으라"(원문직역)

잠언 23장도 지혜로운 그리스도인들의 삶을 가르치고 있습니다.

지혜로운 그리스도인들은?

첫째, 음식을 탐하는 사람이 아닙니다.
"그의 맛있는 음식을 탐하지 말라 그것은 속이는 음식이니라" 잠 23:3

둘째, 부자 되는 것을 인생의 목표로 삼지 않습니다.
"부자 되기에 애쓰지 말고 네 사사로운 지혜를 버릴지어다 네가 어찌 허무한 것에 주목하겠느냐 정녕히 재물은 스스로 날개를 내어 하늘을 나는 독수리처럼 날아가리라"(잠 23:4-5)

셋째, 자신의 행복과 번영만을 중요하게 여기는 인색한 자들과 교제하지 않습니다.
"악한 눈이 있는 자의 음식을 먹지 말며 그의 맛있는 음식을 탐하지 말지어다"(잠 23:6)

넷째, 진리를 거부하고 비웃는 자들에게 진리를 말하지 않습니다.
"미련한 자의 귀에 말하지 말지니 이는 그가 네 지혜로운 말을 업신여길 것임이니라"(잠 23:9)

다섯째, 사회적 약자를 억압하지 않습니다.
"옛 지계석을 옮기지 말며 고아들의 밭을 침범하지 말지어다 대저 그들의 구속자는 강하시니 그가 너를 대적하여 그들의 원한을 풀어 주시리라"(잠 23:10-11)

여섯째, 지혜의 말씀을 얻기 위하여 수고합니다.
"훈계에 착심하며 지식의 말씀에 귀를 기울이라"(잠 23:12)
"너는 네 마음을 훈계에 가져가라. 그리고 네 귀를 지식의 말씀들에게로(기울이라)"(잠 23:12, 원문직역)

일곱째, 주의 교양과 훈계로 자녀를 양육합니다.
"내 아들아 만일 네 마음이 지혜로우면 나 곧 내 마음이 즐겁겠고 만일 네 입술이 정직을 말하면 내 속이 유쾌하리라"(잠 23:15-16)

여덟째, 하나님을 경외합니다.
"네 마음으로 죄인의 형통을 부러워하지 말고 항상 여호와를 경외하라 정녕히 네 장래가 있겠고 네 소망이 끊어지지 아니하리라"(잠 23:17-18)

아홉째, 술과 음식을 탐하지 않고 진리를 따라 살아갑니다.
"술 취하고 음식을 탐하는 자는 가난하여질 것이요 잠 자기를 즐겨 하는 자는 해어진 옷을 입을 것임이니라"(잠 23:21)
"진리를 사되 팔지는 말며 지혜와 훈계와 명철도 그리할지니라"(잠 23:23)

열째, 음란한 사람들을 경계하고 조심합니다.
"대저 음녀는 깊은 구덩이요 이방 여인은 좁은 함정이라 참으로 그는 강도 같이 매복하며 사람들 중에 사악한 자가 많아지게 하느니라"(잠 23:27-28)

열한째, 술을 사랑하지 않습니다.
"포도주는 붉고 잔에서 번쩍이며 순하게 내려가나니 너는 그것을 보지도 말지어다 그것이 마침내 뱀 같이 물 것이요 독사 같이 쏠 것이며"(잠 23:31-32)

술은 문자대로 술을 말하기도 하지만 악한 세상 풍습을 표상하기도 합니다.

"술취하지 말라 이는 방탕한 것이니 오직 성령으로 충만함을 받으라"(엡 5:18)

지혜로운 그리스도인들은 지식의 말씀을 따라 사는 사람들입니다. 그러므로 성삼위 하나님의 은혜로 지식의 말씀을 따라 살며 하나님을 영화롭게 하는 우리 모두가 되기를 기도합니다.

잠언 24장 1절

"너는 악인의 형통함을 부러워하지 말며 그와 함께 있으려고 하지도 말지어다"(개역개정판)

"너는 악한 사람들을 부러워하지 말아라. 그리고 그들과 함께 있기를 원하지 말아라"(원문직역)

잠언 24장도 지혜로운 그리스도인들의 삶을 가르치고 있습니다. 지혜로운 그리스도인들이란 예수 그리스도의 대속 사역 은총으로 자신의 모든 죄가 사함 받고 자신의 모든 죄에 대한 책임과 형벌을 면제 받고 죄의 권세에서 해방되고 보혈의 은총가운데 거하며 성령님의 다스림과 말씀의 다스림을 받는 사람들입니다.

지혜로운 그리스도인들은?

첫째, 악인들을 부러워하지 않습니다.
"너는 행악자들로 말미암아 분을 품지 말며 악인의 형통함을 부러워하지 말라 대저 행악자는 장래가 없겠고 악인의 등불은 꺼지리라"(잠 24:19-20)

지혜로운 그리스도인은 악인의 형통과 번영을 부러워하지 않습니다.

둘째, 지혜로 집을 짓습니다.
"집은 지혜로 말미암아 건축되고 명철로 말미암아 견고하게 되며 또 방들은 지식으로 말미암아 각종 귀하고 아름다운 보배로 채우게 되느니라"(잠 24:3-4)

지혜로운 그리스도인들은 지혜로 자신의 신앙의 집을 짓고 가정을 세우며 교회를 받들어 섬기고 세워 나아갑니다.

셋째, 지혜를 따라 살아갑니다.
"지혜 있는 자는 강하고 지식 있는 자는 힘을 더하나니 너는 전략으로 싸우라 승리는 지략이 많음에 있느니라"(잠 24:5-6)

넷째, 죄와 사망의 권세 아래에 있는 자들과 극단적인 고난 가운데 있는 사람들을 구합니다.
"너는 사망으로 끌려가는 자를 건져 주며 살륙을 당하게 된 자를 구원하지 아니하려고 하지 말라 네가 말하기를 나는 그것을 알지 못하였노라 할지라도 마음을 저울질 하시는 이가 어찌 통찰하지 못하시겠으며 네 영혼을 지키시는 이가 어찌 알지 못하시겠느냐 그가 각 사람의 행위대로 보응하시리라"(잠 24:11-12)

다섯째, 넘어져도 다시 일어나서 승리합니다.
"대저 의인은 일곱 번 넘어질지라도 다시 일어나려니와 악인은 재앙으로 말미암아 엎드러지느니라"(잠 24:16)

여섯째, 긍휼히 여깁니다.
"네 원수가 넘어질 때에 즐거워하지 말며 그가 엎드러질 때에 마음에 기뻐하지 말라 여호와께서 이것을 보시고 기뻐하지 아니하사 그의 진노를 그에게서 옮기실까 두려우니라"(잠 24:17-18)

일곱째, 하나님과 하나님께서 세우신 왕을 경외합니다.
"내 아들아 여호와와 왕을 경외하고 반역자와 더불어 사귀지 말라 대저 그들의 재앙은 속히 임하리니 그 둘의 멸망을 누가 알랴"(잠 21:21-22)

여덟째, 바르고 진실한 증언을 합니다.
"적당한 말로 대답함은 입맞춤과 같으니라"(잠 24:26)

아홉째, 일들의 우선 순위와 질서를 올바로 세웁니다.
"네 일을 밖에서 다스리며 너를 위하여 밭에서 준비하고 그 후에 네 집을 세울지니라"(잠 24:27)

열째, 보복하지 않습니다.
"너는 그가 내게 행함 같이 나도 그에게 행하여 그가 행한 대로 그 사람에게 갚겠다 말하지 말지니라"(잠 24:29)

열한째, 게으르지 않습니다.
"네가 좀더 자자, 좀더 졸자, 손을 모으고 좀더 누워 있자 하니 네 빈궁이 강도 같이 오며 네 곤핍이 군사 같이 이르리라"(잠 24:33-34)

지혜로운 그리스도인들은 성령님과 말씀을 따라 사는 사람들입니다. 그러므로 성삼위 하나님의 은혜로 성령님과 말씀을 따라 살아가며 하나님을 영화롭게 하는 우리 모두가 되기를 기도합니다.

잠언 25장 2절

> "일을 숨기는 것은 하나님의 영화요 일을 살피는 것은 왕의 영화니라"(개역개정판)
>
> "일을 숨기는 것은 하나님의 영광이다. 그러나 일을 찾아내는 것은 왕들의 영광이다."(원문직역)

잠언 25장도 지혜로운 그리스도인들의 삶을 가르치고 있습니다.

지혜로운 그리스도인들은?

첫째, 하나님께서 세우신 권위를 존중하고 세우신 권위 앞에 겸손합니다.
"하늘의 높음과 땅의 깊음 같이 왕의 마음은 헤아릴 수 없느니라"(잠 25:3)
"앞에서 스스로 높은 체하지 말며 대인들의 자리에 서지 말라 이는 사람이 네게 이리로 올라오라고 말하는 것이 네 눈에 보이는 귀인 앞에서 저리로 내려가라고 말하는 것보다 나음이니라"(잠 25:6-7)

둘째, 착한 입술의 사람입니다.
"너는 이웃과 다투거든 변론만 하고 남의 은밀한 일은 누설하지 말라 듣는 자가 너를 꾸짖을 터이요 또 네게 대한 악평이 네게서 떠나지 아니할까 두려우니라 경우에 합당한 말은 아로새긴 은 쟁반에 금 사과니라"(잠 25:9-11)

셋째, 선한 책망과 충고를 소중하게 여깁니다.
"슬기로운 자의 책망은 청종하는 귀에 금 고리와 정금 장식이니라"(잠 25:12)

넷째, 충성된 일군입니다.

"충성된 사자는 그를 보낸 이에게 마치 추수하는 날에 얼음 냉수 같아서 능히 그 주인의 마음을 시원하게 하느니라"(잠 25:13)

다섯째, 약속을 신실하게 지킵니다.

"선물한다고 거짓 자랑하는 자는 비 없는 구름과 바람 같으니라"(잠 25:14)

여섯째, 온유합니다.

"오래 참으면 관원도 설득할 수 있나니 부드러운 혀는 **뼈**를 꺾느니라"(잠 25:15)

일곱째, 적정과 절도를 지킵니다.

"너는 꿀을 보거든 족하리만큼 먹으라 과식함으로 토할까 두려우니라 너는 이웃집에 자주 다니지 말라 그가 너를 싫어하며 미워할까 두려우니라"(잠 25:16-17)

여덟째, 하나님만 의지합니다.

"환난 날에 진실하지 못한 자를 의뢰하는 것은 부러진 이와 위골된 발 같으니라"(잠 25:19)

아홉째, 자랑하지 않습니다.

"마음이 상한 자에게 노래하는 것은 추운 날에 옷을 벗음 같고 소다 위에 식초를 부음 같으니라"(잠 25:20)

열째, 원수를 사랑합니다.

"네 원수가 배고파하거든 음식을 먹이고 목말라하거든 물을 마시게 하라 그리 하는 것은 핀 숯을 그의 머리에 놓는 것과 일반이요 여호와께서 네게 갚아 주시리라"(잠 25:21-22)

원수를 사랑한다는 것은 원수의 인권과 생존권을 존중해 주는 것입니다.

열한째, 화목합니다.
"다투는 여인과 함께 큰 집에서 사는 것보다 움막에서 혼자 사는 것이 나으니라"(잠 25:24)
"지붕의 한 구석에서 사는 것이 다투기를 좋아하는 아내와 그리고 한 집에서 사는 것보다 낫다"(잠 25:24, 원문직역)

열두째, 복음을 소중하게 여깁니다.
"먼 땅에서 오는 좋은 기별은 목마른 사람에게 냉수와 같으니라"(잠 24:25)

열셋째, 비진리와 타협하거나 굴복하지 않습니다.
"의인이 악인 앞에 굴복하는 것은 우물이 흐려짐과 샘이 더러워짐과 같으니라"(잠 25:26)

의인들이 비진리와 타협하거나 굴복하게 되면 공동체에게 치명적 혼란과 좌절을 야기하고 연약한 이들이 실족하고 타락하는 엄청난 손상을 초래합니다.

열넷째, 자신의 영광을 스스로 추구하지 않습니다.
"꿀을 많이 먹는 것이 좋지 못하고 자기의 영예를 구하는 것이 헛되니라"(잠

25:27)

"꿀은 많이 먹는 것은 좋지 않듯이 자기의 영광을 찾는 것도 그러하다"(잠 25:27, 원문직역)

열다섯째, 자신의 마음을 성령님의 은혜와 말씀의 은총으로 지킵니다.
"자기의 마음을 제어하지 아니하는 자는 성읍이 무너지고 성벽이 없는 것과 같으니라"(잠 25:28)

지혜로운 그리스도인들의 삶은 자신의 도덕적 결단이나 의지적 결단으로만 되는 것이 아닙니다. 성령님의 은혜와 말씀의 은총이 아니면 불가능 합니다. 그러므로 성삼위 하나님의 은혜로 성령님과 말씀을 따라 지혜로운 삶을 살아가며 하나님을 영화롭게 하는 우리 모두가 되기를 기도합니다.

잠언 26장 8절

> "미련한 자에게 영예를 주는 것은 돌을 물매에 매는 것과 같으니라"(개역개정판)
>
> "미련한 자에게 영광을 주는 것은 돌을 물매에 매는 것과 같다"(원문직역)

잠언 26장도 지혜로운 그리스도인의 삶을 가르칩니다.

지혜로운 그리스도인들은 관념적 지식으로만 살아가는 사람들이 아닙니다. 삼위일체 하나님께서 성령님을 통하여 부어주시는 은혜로 하나님의 사랑을 깨닫고 기쁨과 즐거움으로 하나님 말씀에 순종합니다.

지혜로운 그리스도인들은?

첫째, 주어진 사명과 직분을 잘 감당합니다.
"미련한 자에게는 영예가 적당하지 아니하니 마치 여름에 눈 오는 것과 추수 때에 비 오는 것 같으니라"(잠 26:1)

둘째, 저주의 권세에서 해방 되었습니다.
"까닭 없는 저주는 참새가 떠도는 것과 제비가 날아가는 것 같이 이루어지지 아니하느니라"(잠 26:2)

셋째, 바른 길을 걸어갑니다.

"말에게는 채찍이요 나귀에게는 재갈이요 미련한 자의 등에는 막대기니라"(잠 26:3)

넷째, 미련한 자들에게 지혜롭게 처신합니다.

"미련한 자의 어리석은 것을 따라 대답하지 말라 두렵건대 너도 그와 같을까 하노라 미련한 자에게는 그의 어리석음을 따라 대답하라 두렵건대 그가 스스로 지혜롭게 여길까 하노라"(잠 26:4-5)

다섯째, 바른 직분자를 세웁니다.

"장인이 온갖 것을 만들지라도 미련한 자를 고용하는 것은 지나가는 행인을 고용함과 같으니라"(잠 26:10)
"미련한 자를 고용하는 자나 그리고 지나가는 자들을 고용하는 자는 모든 사람을 다치게 하는 궁수와 같다"(잠 26:10, 원문직역)

여섯째, 어리석은 행동을 반복하지 않습니다.

"개가 그 토한 것을 도로 먹는 것 같이 미련한 자는 그 미련한 것을 거듭 행하느니라"(잠 26:11)

일곱째, 겸손합니다.

"네가 스스로 지혜롭게 여기는 자를 보느냐 그보다 미련한 자에게 오히려 희망이 있느니라"(잠 26:12)

여덟째, 부지런합니다.

"문짝이 돌쩌귀를 따라서 도는 것 같이 게으른 자는 침상에서 도느니라"(잠 26:14)

아홉째, 모든 시시비비에 참견하고 분노하지 않습니다.

"길로 지나가다가 자기와 상관없는 다툼을 간섭하는 자는 개의 귀를 잡는 자와 같으니라"(잠 26:17)

"(길을) 지나가다가 자기와 상관이 없는 다툼에 화를 내는 자는 개의 귀를 잡는 것과 같다"(잠 25:17, 원문직역)

열째, 무분별한 농담을 하지 않습니다.

"횃불을 던지며 화살을 쏘아서 사람을 죽이는 미친 사람이 있나니 자기의 이웃을 속이고 말하기를 내가 희롱하였노라 하는 자도 그러하니라"(잠 26:18-19)

열한째, 비방하지 않습니다.

"나무가 다하면 불이 꺼지고 말쟁이가 없어지면 다툼이 쉬느니라"(잠 26:20)

"나무들이 없으면 불이 꺼진다. 그리고 중상하는 자가 없어지면 싸움이(=분쟁이) 잠잠해 진다"(잠 26:2,0 원문직역)

"남의 말 하기를 좋아하는 자의 말은 별식과 같아서 뱃속 깊은 데로 내려가느니라"(잠 20:22)

열두째, 화평케 합니다.

"숯불 위에 숯을 더하는 것과 타는 불에 나무를 더하는 것 같이 다툼을 좋아하는 자는 시비를 일으키느니라"(잠 26:21)

열셋째, 하나님의 은혜로 착한 행동을 하며 착한 입술을 소유합니다.

"함정을 파는 자는 그것에 빠질 것이요 돌을 굴리는 자는 도리어 그것에 치이리라 거짓말 하는 자는 자기가 해한 자를 미워하고 아첨하는 입은 패망을 일으키느니라"(잠 26:27-28)

지혜로운 그리스도인은 성령님과 말씀을 따라 살아갑니다. 그러므로 성삼위 하나님의 은혜로 성령님과 말씀을 따라 살며 하나님을 영화롭게 하는 우리 모두가 되기를 기도합니다.

잠언 27장 2절

"타인이 너를 칭찬하게 하고 네 입으로는 하지 말며 외인이 너를 칭찬하게 하고 네 입술로는 하지 말지니라"(개역개정판)

"다른 사람이 너를 칭찬하게 하라. 그리고 네 입으로는 하지 마라. 이방인으로(너를 칭찬하게 하고) 그리고 네 입술로는 하지 마라"(원문직역)

잠언 27장도 지혜로운 그리스도인들의 삶을 가르칩니다.

지혜로운 그리스도인들은?

첫째, 오늘이라는 시간을 성실하게 살아갑니다.
"너는 내일 일을 자랑하지 말라 하루 동안에 무슨 일이 일어날지 네가 알 수 없음이니라"(잠 27:1)

둘째, 자신을 자랑하지 않는 겸손합니다.
"타인이 너를 칭찬하게 하고 네 입으로는 하지 말며 외인이 너를 칭찬하게 하고 네 입술로는 하지 말지니라"(잠 27:2)

셋째, 시기와 질투를 하지 않습니다.
"돌은 무겁고 모래도 가볍지 아니하거니와 미련한 자의 분노는 이 둘보다 무거우니라 분은 잔인하고 노는 창수 같거니와 투기 앞에야 누가 서리요"(잠 27:3-4)

넷째, 사랑의 책망과 꾸지람을 소중하게 여깁니다.
"면책은 숨은 사랑보다 나으니라 친구의 아픈 책망은 충직으로 말미암는 것이나 원수의 잦은 입맞춤은 거짓에서 난 것이니라"(잠 27:5-6)

다섯째, 심령이 가난합니다.
"배부른 자는 꿀이라도 싫어하고 주린 자에게는 쓴 것이라도 다니라"(잠 27:7)

여섯째, 정당하고 합법적인 사유 없이 공동체를 떠나지 않습니다.
"고향을 떠나 유리하는 사람은 보금자리를 떠나 떠도는 새와 같으니라"(잠 27:8)
"그의 터로부터 떠나는 사람은 자기의 둥지로부터 떠도는 새와 같다"(잠 27:8, 원문직역)
"나는 포도나무요 너희는 가지라 그가 내 안에, 내가 그 안에 거하면 사람이 열매를 많이 맺나니 나를 떠나서는 너희가 아무 것도 할 수 없음이라"(요 15:5)

일곱째, 이웃과 좋은 관계를 맺습니다.
"네 친구와 네 아비의 친구를 버리지 말며 네 환난 날에 형제의 집에 들어가지 말지어다 가까운 이웃이 먼 형제보다 나으니라"(잠 27:10)

여덟째, 지혜를 따라 삽니다.
"내 아들아 지혜를 얻고 내 마음을 기쁘게 하라 그리하면 나를 비방하는 자에게 내가 대답할 수 있으리라"(잠 27:11)

아홉째, 온유합니다.
"다투는 여자는 비 오는 날에 이어 떨어지는 물방울이라 그를 제어하기가 바

람을 제어하는 것 같고 오른손으로 기름을 움키는 것 같으니라"(잠 27:15-16)

온유한 그리스도인들은 자신의 의와 자신의 권리를 내려놓을 때 내려놓을 수 있도록 성령님과 말씀으로 훈련 된 사람입니다.

열째, 지체들과 진리로 교제합니다.
"철이 철을 날카롭게 하는 것 같이 사람이 그의 친구의 얼굴을 빛나게 하느니라"(잠 27:17)

열한째, 하나님의 형상대로 창조함을 입은 사람들을 사랑으로 보살핍니다.
"무화과나무를 지키는 자는 그 과실을 먹고 자기 주인에게 시중드는 자는 영화를 얻느니라"(잠 27:18)

열두째, 다른 사람의 성품을 보고 자신의 성품을 압니다.
"물에 비치면 얼굴이 서로 같은 것 같이 사람의 마음도 서로 비치느니라"(잠 27:19)

열셋째, 안목의 정욕을 따라 살지 않습니다.
"스올과 아바돈은 만족함이 없고 사람의 눈도 만족함이 없느니라"(잠 27:20)

열넷째, 칭찬 받는 것을 두려워합니다.
"도가니로 은을, 풀무로 금을, 칭찬으로 사람을 단련하느니라"(잠 27:21)

열다섯째, 생명 얻는 회개의 은총 가운데 살아갑니다.

"미련한 자를 곡물과 함께 절구에 넣고 공이로 찧을지라도 그의 미련은 벗겨지지 아니하느니라"(잠 27:22)

열여섯째, 하나님의 기업인 하나님 나라 백성들을 소중하게 여기고 보살핍니다.
"네 양 떼의 형편을 부지런히 살피며 네 소 떼에게 마음을 두라"(잠 27:16)

열일곱째, 하나님께서 주신 하늘의 신령한 복과 땅의 기름진 복으로 하나님을 영화롭게 합니다.
"대저 재물은 영원히 있지 못하나니 면류관이 어찌 대대에 있으랴"(잠 27:24)

열여덟째, 은총이 사라져도 다시 주실 은총을 생각하며 계획을 세웁니다.
"풀을 벤 후에는 새로 움이 돋나니 산에서 꼴을 둘 것이니라"(잠 27:18)
"풀은 사라진다. 그러나 새 풀은 돋아난다. 그리고 산의 풀들은 거두어 들여진다"(잠 27:25, 원문직역)

열아홉째, 성실하고 부지런합니다.
"어린 양의 털은 네 옷이 되며 염소는 밭을 사는 값이 되며 염소의 젖은 넉넉하여 너와 네 집의 음식이 되며 네 여종의 먹을 것이 되느니라"(잠 27:26-27)

지혜로운 그리스도인들은 복 받은 사람들입니다. 복 받은 사람들은 성령님과 하나님 말씀을 따라가는 사람들입니다. 그러므로 성삼위 하나님의 은혜로 성령님과 하나님 말씀을 따라가며 하나님을 영화롭게 하는 우리 모두가 되기를 기도합니다.

잠언 28장 2절

> "나라는 죄가 있으면 주관자가 많아져도 명철과 지식 있는 사람으로 말미암아 장구하게 되느니라"(개역개정판)
>
> "땅에 허물(=범죄, 반역, 모반)이 있으면 통치자들이 많다. 그리고 깨달음과 지식이 있는 사람으로 인하여 그리고 (그 땅이) 오래갈 것이다"(원문직역)

잠언 28장도 지혜로운 그리스도인들의 삶을 가르치고 있습니다.

지혜로운 그리스도인들은?

첫째, 바른 길을 걸어갑니다.
"악인은 쫓아오는 자가 없어도 도망하나 의인은 사자 같이 담대하니라"(잠 28:1)

둘째, 하나님께서 주신 권위의 직분을 두려워하며 의로운 정치를 합니다.
"의인이 득의하면 큰 영화가 있고 악인이 일어나면 사람이 숨느니라"(잠 28:12)

셋째, 가난한 사람을 돌아봅니다.
"가난한 자를 학대하는 가난한 자는 곡식을 남기지 아니하는 폭우 같으니라"(잠 28:3)
"가난한 자를 구제하는 자는 궁핍하지 아니하려니와 못 본 체하는 자에게는 저주가 크리라"(잠 28:27)

넷째, 하나님의 말씀에 순종합니다.

"율법을 지키는 자는 지혜로운 아들이요 음식을 탐하는 자와 사귀는 자는 아비를 욕되게 하는 자니라"(잠 28:7)

다섯째, 하나님의 뜻을 찾습니다.

"악인은 정의를 깨닫지 못하나 여호와를 찾는 자는 모든 것을 깨닫느니라"(잠 28:5)

여섯째, 부자 되는 것을 인생의 목표로 삼지 않습니다.

"중한 변리로 자기 재산을 늘이는 것은 가난한 사람을 불쌍히 여기는 자를 위해 그 재산을 저축하는 것이니라"(잠 28:8)

일곱째, 하나님 말씀에 순종하며 기도합니다.

"사람이 귀를 돌려 율법을 듣지 아니하면 그의 기도도 가증하니라"(잠 28:9)

여덟째, 생명 얻는 회개의 은총 가운데 삽니다.

"자기의 죄를 숨기는 자는 형통하지 못하나 죄를 자복하고 버리는 자는 불쌍히 여김을 받으리라"(잠 28:13)

아홉째, 하나님을 경외합니다.

"항상 경외하는 자는 복되거니와 마음을 완악하게 하는 자는 재앙에 빠지리라"(잠 28:14)

열째, 부지런하고 성실합니다.

"자기의 토지를 경작하는 자는 먹을 것이 많으려니와 방탕을 따르는 자는 궁핍함이 많으리라 충성된 자는 복이 많아도 속히 부하고자 하는 자는 형벌을 면하지 못하리라"(잠 28:19-20)

열한째, 부모를 공경합니다.
"부모의 물건을 도둑질하고서도 죄가 아니라 하는 자는 멸망 받게 하는 자의 동류니라"(잠 28:24)

열두째, 하나님만 의지합니다.
"욕심이 많은 자는 다툼을 일으키나 여호와를 의지하는 자는 풍족하게 되느니라"(잠 28:25)

지혜로운 그리스도인들은 선하고 거룩한 위치에서 하나님을 두려워하는 사람들입니다. 그러므로 성삼위 하나님의 은혜로 하나님을 경외하며 하나님을 영화롭게 하는 우리 모두가 되기를 기도합니다.

잠언 29장 1절

> "자주 책망을 받으면서도 목이 곧은 사람은 갑자기 패망을 당하고 피하지 못하리라"(개역개정판)
>
> "책망 받는 사람이 목을 뻣뻣하게 하면 그는 갑자기 깨어질 것이다. 그리고 치료함이 없다"(원문직역)

잠언 29장도 지혜로운 그리스도인의 삶을 가르칩니다.

아버지 하나님의 부성적 사랑과 구세주인 예수 그리스도의 품 안에서 성령님과 말씀을 따라 사는 지혜로운 그리스도인들은?

첫째, 충고와 책망과 권면을 달게 받습니다.
"자주 책망을 받으면서도 목이 곧은 사람은 갑자기 패망을 당하고 피하지 못하리라"(잠 29:1)

둘째, 의와 공의의 길을 걸어갑니다.
"의인이 많아지면 백성이 즐거워하고 악인이 권세를 잡으면 백성이 탄식하느니라"(잠 29:2)

셋째, 지혜를 사랑합니다.
"지혜를 사모하는 자는 아비를 즐겁게 하여도 창기와 사귀는 자는 재물을 잃느니라"(잠 29:3)

넷째, 가난한 사람들을 돌아봅니다.
"의인은 가난한 자의 사정을 알아주나 악인은 알아 줄 지식이 없느니라"(잠 29:7)

다섯째, 화평케 합니다.
"거만한 자는 성읍을 요란하게 하여도 슬기로운 자는 노를 그치게 하느니라"(잠 29:8)

여섯째, 어리석은 자들과 변론하지 않습니다.
"지혜로운 자와 미련한 자가 다투면 지혜로운 자가 노하든지 웃든지 그 다툼은 그침이 없느니라"(잠 29:9)

일곱째, 원수를 사랑합니다.
"피 흘리기를 좋아하는 자는 온전한 자를 미워하고 정직한 자의 생명을 찾느니라"(잠 29:10)
"피(흘리는) 사람들은 온전한 사람을 미워한다. 그러나 바른 사람들은 그의 생명을 찾아준다"(잠 29:10, 원문직역)

여덟째, 오래 참는 사람입니다.
"어리석은 자는 자기의 노를 다 드러내어도 지혜로운 자는 그것을 억제하느니라"(잠 29:11)

아홉째, 하나님께서 공평하게 베푸시는 일반 은총과 섭리를 소중하게 여깁니다.
"가난한 자와 포학한 자가 섞여 살거니와 여호와께서는 그 모두의 눈에 빛을

주시느니라"(잠 29:13)

열째, 주의 교양과 훈계로 양육합니다.
"채찍과 꾸지람이 지혜를 주거늘 임의로 행하게 버려 둔 자식은 어미를 욕되게 하느니라"(잠 29:15)

열한째, 종말론적 신앙을 가지고 인내합니다.
"악인이 많아지면 죄도 많아지나니 의인은 그들의 망함을 보리라"(잠 29:16)

열두째, 하나님 말씀을 사랑하며 순종합니다.
"묵시가 없으면 백성이 방자히 행하거니와 율법을 지키는 자는 복이 있느니라"(잠 29:18)

열셋째, 사람들을 지혜롭게 가르칩니다.
"종은 말로만 하면 고치지 아니하나니 이는 그가 알고도 따르지 아니함이니라"(잠 29:19)
"종을 어렸을 때부터 곱게 양육하면 그가 나중에는 자식인 체하리라"(잠 29:21)

열넷째, 신중하게 생각하며 말합니다.
"네가 말이 조급한 사람을 보느냐 그보다 미련한 자에게 오히려 희망이 있느니라"(잠 29:20)

열다섯째, 혈기와 분노를 날마다 십자가에 못 박는 사람입니다.
"노하는 자는 다툼을 일으키고 성내는 자는 범죄함이 많으니라"(잠 29:22)

"사람이 성내는 것이 하나님의 의를 이루지 못함이라"(약 1:20)

열여섯째, 겸손한 위치에서 살아갑니다.
"사람이 교만하면 낮아지게 되겠고 마음이 겸손하면 영예를 얻으리라"(잠 29:23)

열일곱째, 불신자와 멍에를 함께 메지 않습니다.
"도둑과 짝하는 자는 자기의 영혼을 미워하는 자라 그는 저주를 들어도 진술하지 아니하느니라"(잠 29:24)

열여덟째, 힘 있는 사람을 의지하지 않고 하나님만 의지합니다.
"사람을 두려워하면 올무에 걸리게 되거니와 여호와를 의지하는 자는 안전하리라 주권자에게 은혜를 구하는 자가 많으나 사람의 일의 작정은 여호와께로 말미암느니라"(잠 29:25-26)

지혜로운 그리스도인들은 하나님의 주권적 다스림을 믿고 하나님만 의지하는 사람들입니다. 그러므로 성삼위 하나님의 은혜로 하나님만 의지 하며 하나님을 영화롭게 하는 우리 모두가 되기를 기도합니다.

잠언 30장 1절

> "이 말씀은 야게의 아들 아굴의 잠언이니 그가 이디엘 곧 이디엘과 우갈에게 이른 것이니라"(개역개정판)
>
> "이 잠언은 야게의 아들 아굴의 말들이다. 이 사람이 이디엘에게 이디엘과 우갈에게 이른 것이다"(원문직역)

잠언 30장은 지혜로운 사람인 아굴의 잠언입니다.

하나님께서 아굴을 가지시고 가르치시는 지혜로운 그리스도인들은?

첫째, 겸손합니다.
"나는 다른 사람에게 비하면 짐승이라 내게는 사람의 총명이 있지 아니하니라"(잠 30:2)
"참으로 나는(다른) 사람보다 어리석다. 그리고 내게는 사람의 명철이 없다"(잠 30:2, 원문직역)

둘째, 삼위일체 하나님에 대한 지식이 있습니다.
"하늘에 올라갔다가 내려온 자가 누구인지, 바람을 그 장중에 모은 자가 누구인지, 물을 옷에 싼 자가 누구인지, 땅의 모든 끝을 정한 자가 누구인지, 그의 이름이 무엇인지, 그의 아들의 이름이 무엇인지 너는 아느냐"(잠 30:4)

셋째, 순수하고 순전한 하나님 말씀을 올곧게 깨닫고 올곧게 적용하고 올곧게 전파합니다.

"하나님의 말씀은 다 순전하며 하나님은 그를 의지하는 자의 방패시니라 너는 그의 말씀에 더하지 말라 그가 너를 책망하시겠고 너는 거짓말하는 자가 될까 두려우니라"(잠 30:5-6)

넷째, 진실함과 하나님께서 주시는 양식으로 살아갑니다.
"곧 헛된 것과 거짓말을 내게서 멀리 하옵시며 나를 가난하게도 마옵시고 부하게도 마옵시고 오직 필요한 양식으로 나를 먹이시옵소서"(잠 30:8)

다섯째, 비방하지 않습니다.
"너는 종을 그의 상전에게 비방하지 말라 그가 너를 저주하겠고 너는 죄책을 당할까 두려우니라"(잠 30:10)

여섯째, 부모를 공경합니다.
"아비를 조롱하며 어미 순종하기를 싫어하는 자의 눈은 골짜기의 까마귀에게 쪼이고 독수리 새끼에게 먹히리라"(잠 30:17)

일곱째, 스스로 의롭다고 여기지 않습니다.
"스스로 깨끗한 자로 여기면서도 자기의 더러운 것을 씻지 아니하는 무리가 있느니라"(잠 30:12)

여덟째, 교만하지 않습니다.
"눈이 심히 높으며 눈꺼풀이 높이 들린 무리가 있느니라"(잠 30:13)

아홉째, 탐심의 사람이 아닙니다.
"거머리에게는 두 딸이 있어 다오 다오 하느니라 족한 줄을 알지 못하여 족하다 하지 아니하는 것 서넛이 있나니"(잠 30:15)

열째, 죄를 숨기지 않고 회개합니다.

"음녀의 자취도 그러하니라 그가 먹고 그의 입을 씻음 같이 말하기를 내가 악을 행하지 아니하였다 하느니라"(잠 30:20)

열한째, 하나님께서 원하시는 위치에서 성실하게 살아갑니다.

"세상을 진동시키며 세상이 견딜 수 없게 하는 것 서넛이 있나니 곧 종이 임금 된 것과 미련한 자가 음식으로 배부른 것과 미움 받는 여자가 시집 간 것과 여종이 주모를 이은 것이니라"(잠 30:21-23)

열두째, 자신의 연약함을 깨닫고 하나님께서 주신 지혜로 살아갑니다.

"약한 종류로되 집을 바위 사이에 짓는 사반과"(잠 30:26)

열셋째, 공동체를 솔선수범으로 섬깁니다.

"사냥개와 숫염소와 및 당할 수 없는 왕이니라"(잠 30:31)

"허리띠를 두른 사냥개와 그리고 숫염소와 그리고 그와 함께 군대들을 가지고 있는 왕이다"(잠 30:31, 원문직역)

열넷째, 악한 생각을 거절합니다.

"만일 네가 미련하여 스스로 높은 체하였거나 혹 악한 일을 도모하였거든 네 손으로 입을 막으라"(잠 30:32)

지혜로운 그리스도인들은 하나님 말씀에 순종합니다. 그러므로 성삼위 하나님의 은혜로 하나님 말씀에 순종하며 하나님을 영화롭게 하는 우리 모두가 되기를 기도합니다.

잠언 31장 1절

"르무엘 왕이 말씀한 바 곧 그의 어머니가 그를 훈계한 잠언이라"(개역개정판)

"르무엘왕을 위한 말들이다. 그의 어머니가 그를 훈계 했던 교훈이다"(원문직역)

잠언 31장은 르무엘 왕의 어머니가 르무엘 왕에게 훈계한 교훈입니다.

왕 같은 제사장의 사명을 담당하는 지혜로운 그리스도인들은?

첫째, 성적 타락을 하지 않습니다.
"네 힘을 여자들에게 쓰지 말며 왕들을 멸망시키는 일을 행하지 말지어다"(잠 31:3)

둘째, 술 취하지 않습니다.
"르무엘아 포도주를 마시는 것이 왕들에게 마땅하지 아니하고 왕들에게 마땅하지 아니하며 독주를 찾는 것이 주권자들에게 마땅하지 않도다"(잠 31:4)

셋째, 사회적 약자들을 돌아봅니다.
"너는 말 못하는 자와 모든 고독한 자의 송사를 위하여 입을 열지니라 너는 입을 열어 공의로 재판하여 곤고한 자와 궁핍한 자를 신원할지니라"(잠 31:8-9)

하나님께서는 왕 같은 제사장의 사명을 담당하는 지혜로운 그리스도인들에게 현숙한 아내를 선물로 주십니다.

"누가 현숙한 여인을 찾아 얻겠느냐 그의 값은 진주보다 더 하니라"(잠 31:10)

현숙한 여인은?

첫째, 가정을 잘 지킵니다.
"그런 자의 남편의 마음은 그를 믿나니 산업이 핍절하지 아니하겠으며 그런 자는 살아 있는 동안에 그의 남편에게 선을 행하고 악을 행하지 아니하느니라"(잠 31:11-12)

둘째, 성실하고 근면합니다.
"그는 양털과 삼을 구하여 부지런히 손으로 일하며 상인의 배와 같아서 먼 데서 양식을 가져 오며 밤이 새기 전에 일어나서 자기 집안 사람들에게 음식을 나누어 주며 여종들에게 일을 정하여 맡기며"(잠 31:13-15)

셋째, 가난한 사람들을 돌봅니다.
"그는 곤고한 자에게 손을 펴며 궁핍한 자를 위하여 손을 내밀며"(잠 31:20)

넷째, 미래를 대비합니다.
"자기 집 사람들은 다 홍색 옷을 입었으므로 눈이 와도 그는 자기 집 사람들을 위하여 염려하지 아니하며"(잠 31:21)

다섯째, 자기 관리를 합니다.
"그는 자기를 위하여 아름다운 이불을 지으며 세마포와 자색 옷을 입으며"(잠 31:22)

여섯째, 남편을 내조합니다.
"그의 남편은 그 땅의 장로들과 함께 성문에 앉으며 사람들의 인정을 받으며"(잠 31:23)

일곱째, 지혜로운 입이 있습니다.
"입을 열어 지혜를 베풀며 그의 혀로 인애의 법을 말하며"(잠 31:26)

여덟째, 부지런합니다.
"자기의 집안 일을 보살피고 게을리 얻은 양식을 먹지 아니하나니"(잠 31:27)

아홉째, 남편과 가족들에게 칭찬과 사랑을 받습니다.
"그의 자식들은 일어나 감사하며 그의 남편은 칭찬하기를 덕행 있는 여자가 많으나 그대는 모든 여자보다 뛰어나다 하느니라"(잠 31:28-29)

열째, 하나님을 경외합니다.
"고운 것도 거짓되고 아름다운 것도 헛되나 오직 여호와를 경외하는 여자는 칭찬을 받을 것이라"(잠 31:30)

열한째, 사회 공동체 속에서도 존경 받습니다.
"그 손의 열매가 그에게로 돌아갈 것이요 그 행한 일로 말미암아 성문에서 칭찬을 받으리라"(잠 31:31)

현숙한 여인은 예수 그리스도의 몸 된 교회와 예수 그리스도의 몸 된 교회의 지체들을 표상합니다.

그러므로 성삼위 하나님의 은혜로 현숙하고 정숙한 그리스도의 신부의 위치에서 살아가며 하나님을 영화롭게 하는 우리 모두가 되기를 기도합니다.

전도서

전도서 1장 2절

> "전도자가 이르되 헛되고 헛되며 헛되고 헛되니 모든 것이 헛되도다"(개역개정판)
>
> "헛되고 헛되도다. 전도자가 말한다. 헛되고 헛되도다. 그 모든 것이 헛되다"(원문직역)

전도서 1장은 헛됨(=덧없음)에 대하여 가르칩니다.

'헤벨'의 뜻은 숨결, 공기, 수증기, 공허함, 속이 텅빔 등을 뜻합니다. 숨결과 공기와 수증기의 의미를 강조하면 시간의 한계를 가지고 지나가는 제한적인 것이므로 덧없음이라는 표현을 씁니다.

공허함과 속이 텅 비어있는 것을 강조하면 의미 없는 헛됨 이라는 표현을 씁니다. 결국 세상의 모든 것은 순간적으로 지나가기 때문에 지나가는 추억처럼 덧없고 존재의 의미를 정확하게 드러내지 못하는 연약함 때문에 헛됩니다.

'하벨 하발림'(헛되고 헛되도다)이라는 단어는 헛됨을 최상급으로 표현하는 이스라엘 백성들의 관용구적인 표현입니다.

무엇이 헛됩니까?

첫째, 하나님 없는 인생의 수고가 헛됩니다.

"해 아래에서 수고하는 모든 수고가 사람에게 무엇이 유익한가 한 세대는 가고 한 세대는 오되 땅은 영원히 있도다"(전 1:3-4)

하나님 영광을 드러내지 못하는 인생들의 수고는 헛될 뿐입니다.

둘째, 하나님의 다스림 없는 자연현상을 보는 것도 헛됩니다.
"해는 뜨고 해는 지되 그 떴던 곳으로 빨리 돌아가고"(전 1:5)
"그리고 그 태양은 떠오른다. 그리고 그 태양은 진다. 그리고 그의 자리로 급히 돌아가고 있다. 그리고 그가 거기에서(다시) 떠오르고 있다"(전 1:5, 원문직역)

하나님의 영화로움을 선포하는 자연 현상을 인식하지 못하는 사람들이 보는 자연 현상은 단조롭고 지루하고 무상합니다.

셋째, 하나님의 다스림 없는 세상과 역사를 보는 것도 헛됩니다.
"이미 있던 것이 후에 다시 있겠고 이미 한 일을 후에 다시 할지라 해 아래에는 새 것이 없나니 무엇을 가리켜 이르기를 보라 이것이 새 것이라 할 것이 있으랴 우리가 있기 오래 전 세대들에도 이미 있었느니라 이전 세대들이 기억됨이 없으니 장래 세대도 그 후 세대들과 함께 기억됨이 없으리라"(전 1:9-11)

전진하는 하나님 나라 속에서 하나님 나라의 세계관인 하나님 영광을 위한 작정과 예정과 창조와 섭리와 구원과 성취라는 하나님의 거룩한 경륜의 세계관으로 세상과 역사를 인식하지 못하는 세계관과 역사관은 헛된 것입니다.

넷째, 하나님 없는 인생의 수고와 인생 스스로의 지혜는 헛됩니다.
"나 전도자는 예루살렘에서 이스라엘 왕이 되어 마음을 다하며 지혜를 써서 하늘 아래에서 행하는 모든 일을 연구하며 살핀즉 이는 괴로운 것이니 하나님이 인생들에게 주사 수고하게 하신 것이라 내가 해 아래에서 행하는 모든 일을 보았노라 보라 모두 다 헛되어 바람을 잡으려는 것이로다"(전 1:12-14)

다섯째, 하나님 없는 인생들의 지혜와 지식은 약간의 유익을 줄 수 있지만 고통과 번민만 가득할 뿐입니다.

"지혜가 많으면 번뇌도 많으니 지식을 더하는 자는 근심을 더하느니라"(전 1:18)

하나님을 아는 지식이 있을 때 일반 은총도 의미가 있고 빛이 나는 겁니다. 하나님을 아는 지식이 이 세상에서 가장 고상한 지식입니다.

"영생은 곧 유일하신 참 하나님과 그가 보내신 자 예수 그리스도를 아는 것이니이다"(요 17:3)

성삼위 하나님의 은혜로 삼위일체 하나님과 예수 그리스도를 날마다 알아가며 하나님을 영화롭게 하는 우리 모두가 되기를 기도합니다.

전도서 2장 1절

"나는 내 마음에 이르기를 자, 내가 시험삼아 너를 즐겁게 하리니 너는 낙을 누리라 하였으나 보라 이것도 헛되도다"(개역개정판)

"내가 내 마음속으로 말하였다. 내가 너를 기쁨으로 시험할 것이다. 그리고 네가 좋은 것을 보아라 그러나 보라 그것도 헛되다"(원문직역)

전도서 2장은 인생들의 헛된 삶에 대하여 가르칩니다.

첫째, 삼위일체 하나님과 예수 그리스도로 인하여 기뻐하지 않고 세상적인 기쁨으로 기뻐하는 것은 헛됩니다.

"내가 웃음에 관하여 말하여 이르기를 그것은 미친 것이라 하였고 희락에 대하여 이르기를 이것이 무슨 소용이 있는가 하였노라"(전 2:2)

둘째, 하나님을 영화롭게 하지 않고 세상적인 기쁨과 즐거움과 쾌락과 부와 명예와 권세와 영광을 추구하고 누리는 것은 헛됩니다.

"그 후에 내가 생각해 본즉 내 손으로 한 모든 일과 내가 수고한 모든 것이 다 헛되어 바람을 잡는 것이며 해 아래에서 무익한 것이로다"(전 2:11)

셋째, 하나님 아는 지식을 추구하지 않고 세상 지식만 추구하는 삶은 헛됩니다.

"지혜자도 우매자와 함께 영원하도록 기억함을 얻지 못하나니 후일에는 모두 다 잊어버린 지 오랠 것임이라 오호라 지혜자의 죽음이 우매자의 죽음과 일반이로다"(잠 2:16)

하나님 아는 지식은 영생을 줍니다. 세상 지식은 약간의 유익을 주지만 영생을 주지 못합니다.

넷째, 하나님의 나라와 하나님의 의를 위하지 않는 모든 수고와 노력은 헛됩니다.

"사람이 해 아래에서 행하는 모든 수고와 마음에 애쓰는 것이 무슨 소득이 있으랴 일평생에 근심하며 수고하는 것이 슬픔뿐이라 그의 마음이 밤에도 쉬지 못하나니 이것도 헛되도다"(전 2:22-23)

하나님께서는 인생의 분분인 하나님을 영화롭게 하고 하나님으로 인하여 기뻐하고 즐거워하는 그리스도인들에게 물질을 누리는 복을 주십니다.

"사람이 먹고 마시며 수고하는 것보다 그의 마음을 더 기쁘게 하는 것은 없나니 내가 이것도 본즉 하나님의 손에서 나오는 것이로다 아, 먹고 즐기는 일을 누가 나보다 더 해 보았으랴"(전 2:24-25)

그리고 최고의 복인 삼위일체 하나님과 예수 그리스도를 아는 지혜와 지식의 복과 삼위일체 하나님과 예수 그리스도로 인해 즐거워하고 기뻐하는 복을 주십니다.

"하나님은 그가 기뻐하시는 자에게는 지혜와 지식과 희락을 주시나 죄인에게는 노고를 주시고 그가 모아 쌓게 하사 하나님을 기뻐하는 자에게 그가 주게 하시지만 이것도 헛되어 바람을 잡는 것이로다"(전 2:26)

성삼위 하나님의 은혜로 인생의 본분을 따라 살아가며 하나님을 영화롭게 하는 우리 모두가 되기를 기도합니다.

전도서 3장 14절

> "하나님께서 행하시는 모든 것은 영원히 있을 것이라 그 위에 더 할 수도 없고 그것에서 덜 할 수도 없나니 하나님이 이같이 행하심은 사람들이 그의 앞에서 경외하게 하려 하심인 줄을 내가 알았도다"(개역개정판)
>
> "참으로 그 하나님께서 행하시는 모든 것 그것은 영원히 있을 것이다. 거기에는 더할 것도 없다. 그리고 그것에서 뺄 것도 없다. 그리고 그 하나님께서 행하셨다. 그들이(=사람들이)그분 앞에서 경외하도록 하시려는 것을 나는 알았다"(원문직역)

전도서 3장은 하나님의 주권적 다스림과 일반 은총의 복과 특별 은총의 복과 심판을 다루고 있습니다.

천지의 대 주재이신 하나님은?

첫째, 모든 만물을 주권적 섭리로 다스립니다.
"범사에 기한이 있고 천하 만사가 다 때가 있나니 날 때가 있고 죽을 때가 있으며 심을 때가 있고 심은 것을 뽑을 때가 있으며"(전 3:1-2)
"이제 있는 것이 옛적에 있었고 장래에 있을 것도 옛적에 있었나니 하나님은 이미 지난 것을 다시 찾으시느니라"(전 3:15)
하나님의 주권적인 다스림과 신적 질서는 결코 변하지 않습니다.

둘째, 일반 은총의 복을 주십니다.

"사람마다 먹고 마시는 것과 수고함으로 낙을 누리는 그것이 하나님의 선물인 줄도 또한 알았도다"(전 3:13)
"그러므로 나는 사람이 자기 일에 즐거워하는 것보다 더 나은 것이 없음을 보았나니 이는 그것이 그의 몫이기 때문이라 아, 그의 뒤에 일어날 일이 무엇인지를 보게 하려고 그를 도로 데리고 올 자가 누구이랴"(전 3:22)

셋째, 특별 은총의 복을 주십니다.
"사람들이 사는 동안에 기뻐하며 선을 행하는 것보다 더 나은 것이 없는 줄을 내가 알았고"(전 3:12)

하나님께서 그리스도인들에게 주신 특별은총은 삼위일체 하나님과 예수 그리스도로 인해 기뻐하고 즐거워하며 하나님의 나라와 하나님의 의를 위해 사는 것입니다.

넷째, 심판하십니다.
"또 내가 해 아래에서 보건대 재판하는 곳 거기에도 악이 있고 정의를 행하는 곳 거기에도 악이 있도다 내가 내 마음속으로 이르기를 의인과 악인을 하나님이 심판하시리니 이는 모든 소망하는 일과 모든 행사에 때가 있음이라 하였으며 내가 내 마음속으로 이르기를 인생들의 일에 대하여 하나님이 그들을 시험하시리니 그들이 자기가 짐승과 다름이 없는 줄을 깨닫게 하려 하심이라 하였노라"(전 3:16-18)

하나님의 주권적 다스림과 섭리 가운데 베풀어 주시는 은총을 깨닫지 못하고 자신이 세운 목표를 이루기 위해 수고하는 인생은 허무하고 무익한 인생이 됩니다.

"일하는 자가 그의 수고로 말미암아 무슨 이익이 있으랴"(전 3:9)

하나님께서 주권적 다스림과 섭리로 역사하시며 일반 은총과 특별은총을 주시고 심판의 말씀을 하시는 이유는 하나님을 경외하게 하시기 위함입니다.

"하나님께서 행하시는 모든 것은 영원히 있을 것이라 그 위에 더 할 수도 없고 그것에서 덜 할 수도 없나니 하나님이 이같이 행하심은 사람들이 그의 앞에서 경외하게 하려 하심인 줄을 내가 알았도다"(전 3:14)

성삼위 하나님의 은혜로 하나님을 경외하며 하나님을 영화롭게 하는 우리 모두가 되기를 기도합니다.

전도서 4장 2절

> "그러므로 나는 아직 살아 있는 산 자들보다 죽은 지 오랜 죽은 자들을 더 복되다 하였으며"(개역개정판)
>
> "그리고 나는 아직 살아있는 그들인 살아있는 자들보다 이미 죽은 자들인 죽은 자들을 더 복되다고 했다"(원문직역)

전도서 4장은 인생의 헛된 삶을 폭 넓게 가르치고 있습니다.

헛되고 덧없는 인생을 살지 않는 그리스도인들은?

첫째, 연약한 이들을 돌아봅니다.
"내가 다시 해 아래에서 행하는 모든 학대를 살펴 보았도다 보라 학대 받는 자들의 눈물이로다 그들에게 위로자가 없도다 그들을 학대하는 자들의 손에는 권세가 있으나 그들에게는 위로자가 없도다"(전 4:1)

둘째, 하나님을 영화롭게 하지 않는 개인 성공을 인생의 목표로 삼지 않습니다.
"내가 또 본즉 사람이 모든 수고와 모든 재주로 말미암아 이웃에게 시기를 받으니 이것도 헛되어바람을 잡는 것이로다"(전 4:4)

셋째, 부지런합니다.
"우매자는 팔짱을 끼고 있으면서 자기의 몸만 축내는도다"(잠 4:5)

넷째, 하나님께서 주신 은총으로 평안을 누립니다.

"두 손에 가득하고 수고하며 바람을 잡는 것보다 한 손에만 가득하고 평온함이 더 나으니라"(전 4:6)

다섯째, 재물을 인생의 목표로 삼고 고독하게 살아가지 않습니다.

"내가 또 다시 해 아래에서 헛된 것을 보았도다 어떤 사람은 아들도 없고 형제도 없이 홀로 있으나 그의 모든 수고에는 끝이 없도다 또 비록 그의 눈은 부요를 족하게 여기지 아니하면서 이르기를 내가 누구를 위하여는 이같이 수고하고 나를 위하여는 행복을 누리지 못하게 하는가 하여도 이것도 헛되어 불행한 노고로다"(전 4:7-8)

여섯째, 지체들과 더불어 함께 지어져 가며 합력해서 선을 이룹니다.

"한 사람이면 패하겠거니와 두 사람이면 맞설 수 있나니 세 겹 줄은 쉽게 끊어지지 아니하느니라"(전 4:12)

일곱째, 인기와 명성을 인생의 목표로 삼지 않습니다.

"내가 본즉 해 아래에서 다니는 인생들이 왕의 다음 자리에 있다가 왕을 대신하여 일어난 젊은이와 함께 있고 그의 치리를 받는 모든 백성들이 무수하였을지라도 후에 오는 자들은 그를 기뻐하지 아니하리니 이것도 헛되어 바람을 잡는 것이로다"(전 4:15-16)

하나님 말씀에 순종하지 않는 모든 삶이 헛되고 덧없는 삶입니다. 그러므로 성삼위 하나님의 은혜로 하나님 말씀에 순종하며 하나님을 영화롭게 하는 우리 모두가 되기를 기도합니다.

전도서 5장 18절

> "사람이 하나님께서 그에게 주신 바 그 일평생에 먹고 마시며 해 아래에서 하는 모든 수고 중에서 낙을 보는 것이 선하고 아름다움을 내가 보았나니 그것이 그의 몫이로다"(개역개정판)

> "보라! (사람이)먹고 마시며 그가 그 해 아래에서 수고하며 그 하나님께서 그에게 주신 생명의 날 동안의 모든 수고를 통하여 좋은 것을 보는 것이(=행복을 누리는 것이) 나는 좋고 아름답다는 것을(=올바르다는 것을) 나는 보았다. 왜냐하면 이것이 그의 몫이기 때문이다"(원문직역)

전도서 5장은 헛되고 덧없는 삶을 살지 않는 그리스도인의 삶을 가르치고 있습니다.

복 된 그리스도인의 삶은?

첫째, 바른 예배를 드립니다.
"너는 하나님의 집에 들어갈 때에 네 발을 삼갈지어다 가까이 하여 말씀을 듣는 것이 우매한 자들이 제물 드리는 것보다 나으니 그들은 악을 행하면서도 깨닫지 못함이니라"(전 5:1)

둘째, 바른 기도를 드립니다.
"너는 하나님 앞에서 함부로 입을 열지 말며 급한 마음으로 말을 내지 말라 하나님은 하늘에 계시고 너는 땅에 있음이니라 그런즉 마땅히 말을 적게 할 것이라 걱정이 많으면 꿈이 생기고 말이 많으면 우매한 자의 소리가 나타나느니라"(전 5:2-3)

셋째, 합법적인 맹세와 서원을 하고 기쁨과 즐거움으로 지킵니다.
"네가 하나님께 서원하였거든 갚기를 더디게 하지 말라 하나님은 우매한 자들을 기뻐하지 아니하시나니 서원한 것을 갚으라"(전 5:4)

넷째, 하나님의 다스림을 선하고 거룩한 위치에서 두려워합니다.
"너는 어느 지방에서든지 빈민을 학대하는 것과 정의와 공의를 짓밟는 것을 볼지라도 그것을 이상히 여기지 말라 높은 자는 더 높은 자가 감찰하고 또 그들보다 더 높은 자들도 있음이니라"(전 5:8)

다섯째, 부자 되는 것을 인생의 목표로 살지 않습니다.
"은을 사랑하는 자는 은으로 만족하지 못하고 풍요를 사랑하는 자는 소득으로 만족하지 아니하나니 이것도 헛되도다"(전 5:10)
"부하려 하는 자들은 시험과 올무와 여러 가지 어리석고 해로운 욕심에 떨어지나니 곧 사람으로 파멸과 멸망에 빠지게 하는 것이라 돈을 사랑함이 일만 악의 뿌리가 되나니 이것을 탐내는 자들은 미혹을 받아 믿음에서 떠나 많은 근심으로써 자기를 찔렀도다"(딤전 6:9-10)

여섯째, 하나님께서 선물로(=은혜로) 주신 일반 은총을 누립니다.
"사람이 하나님께서 그에게 주신 바 그 일평생에 먹고 마시며 해 아래에서 하는 모든 수고 중에서 낙을 보는 것이 선하고 아름다움을 내가 보았나니 그것이 그의 몫이로다 또한 어떤 사람에게든지 하나님이 재물과 부요를 그에게 주사 능히 누리게 하시며 제 몫을 받아 수고함으로 즐거워하게 하신 것은 하나님의 선물이라 그는 자기의 생명의 날을 깊이 생각하지 아니하리니 이는 하나님이 그의 마음에 기뻐하는 것으로 응답하심이니라"(전 5:18-20)
"네가 이 세대에서 부한 자들을 명하여 마음을 높이지 말고 정함이 없는 재물에 소망을 두지 말고 오직 우리에게 모든 것을 후히 주사 누리게 하시는 하나님께 두며 선을 행하고 선한 사업을 많이 하고 나누어 주기를 좋아하며 너그러운 자가 되게 하라 이것이 장래에 자기를 위하여 좋은 터를 쌓아 참된 생명을 취하는 것이니라"(딤전 6:17-19)

복 받은 그리스도인의 삶은 날마다 베풀어 주시는 하나님의 은혜를 소중하게 여기고 살아갑니다. 그러므로 성삼위 하나님께서 베풀어 주시는 은혜 안에 살아가며 하나님을 영화롭게 하는 우리 모두가 되기를 기도합니다.

전도서 6장 1절

"내가 해 아래에서 한 가지 불행한 일이 있는 것을 보았나니 이는 사람의 마음을 무겁게 하는 것이라"(개역개정판)

"내가 그 해 아래에서 본 악이 있다. 그리고 그것은 그 사람에게 많은 것이다"(원문직역)

전도서 6장은 세상에서 일어나는 불행한 삶에 대한 말씀입니다.

해 아래서 인생의 본분인 하나님을 영화롭게 하고 하나님으로 인해 기뻐하고 즐거워하는 삶을 살지 않고 세상적인 부와 명예와 권세와 영광과 기쁨과 즐거움과 쾌락과 장수를 추구하기 위해 땀을 흘리며 수고하는 인생들을 무겁게 짓누르며 압박하는 고통스러운 삶은?

첫째, 부와 재산과 명예를 누리지 못합니다.
"내가 해 아래에서 한 가지 불행한 일이 있는 것을 보았나니 이는 사람의 마음을 무겁게 하는 것이라 어떤 사람은 그의 영혼이 바라는 모든 소원에 부족함이 없어 재물과 부요와 존귀를 하나님께 받았으나 하나님께서 그가 그것을 누리도록 허락하지 아니하셨으므로 다른 사람이 누리나니 이것도 헛되어 악한 병이로다"(전 6:1-2)

둘째, 중생의 은총인 내적 평안을 누리지 못하면서 장수합니다.
"그가 비록 천 년의 갑절을 산다 할지라도 행복을 보지 못하면 마침내 다 한 곳으로 돌아가는 것뿐이 아니냐"(잠 6:6)

셋째, 하늘의 신령한 은총을 모릅니다.

"사람의 수고는 다 자기의 입을 위함이나 그 식욕은 채울 수 없느니라"(잠 6:7)

넷째, 중생하지 못한 지혜와 겸손입니다.

"지혜자가 우매자보다 나은 것이 무엇이냐 살아 있는 자들 앞에서 행할 줄을 아는 가난한 자에게는 무슨 유익이 있는가"(전 6:8)

다섯째, 하나님께서 주시는 분배적 은총을 만족하게 여기지 못합니다.

"눈으로 보는 것이 마음으로 공상하는 것보다 나으나 이것도 헛되어 바람을 잡는 것이로다"(전 6:9)

여섯째, 하나님의 주권적 다스림에 저항합니다.

"이미 있는 것은 무엇이든지 오래 전부터 그의 이름이 이미 불린 바 되었으며 사람이 무엇인지도 이미 안 바 되었나니 자기보다 강한 자와는 능히 다툴 수 없느니라 헛된 것을 더하게 하는 많은 일들이 있나니 그것들이 사람에게 무슨 유익이 있으랴"(전 6:10-11)

일곱째, 하나님을 기쁘시게 하는 것을 모릅니다.

"헛된 생명의 모든 날을 그림자 같이 보내는 일평생에 사람에게 무엇이 낙인지를 누가 알며 그 후에 해 아래에서 무슨 일이 있을 것을 누가 능히 그에게 고하리요"(전 6:12)

"참으로 그의 헛되고 얼마 되지 않는 삶의 날들을 그림자처럼 지내는 삶에서 사람에게 좋은 것이 무엇인지 누가 아느냐? 그 해 아래에서 그의 뒤에 있을 것이 무엇인지 어떤 사람이 말할 수 있겠는가?"(전 6:12 원문직역)

해 아래에서 인생의 본분을 모르는 인생은 가여운 인생입니다. 그러므로 삼위일체 하나님의 은혜로 인생의 본분대로 살아가며 하나님을 영화롭게 하는 우리 모두가 되기를 기도합니다.

전도서 7장 1절

> "좋은 이름이 좋은 기름보다 낫고 죽는 날이 출생하는 날보다 나으며"(개역개정판)
>
> "좋은 이름이 좋은 기름보다 더 좋다. 그리고 그 죽는 날이 그의 태어난 날보다 좋다"(원문직역)

전도서 7장은 세상의 악에 대한 말씀입니다.

세상의 악을 따라가지 않는 그리스도인들은?

첫째, 세상의 부요함보다 선한 인격을 사랑합니다.
"좋은 이름이 좋은 기름보다 낫고"(전 7:1상)

둘째, 좋은 인격을 쌓고 살다가 죽는 것을 어리석고 미련하고 패역한 인생을 살아가는 사람들의 삶의 시작보다 좋게 여깁니다.
"죽는 날이 출생하는 날보다 나으며"(전 7:1하)
기독교는 결코 염세주의가 아닙니다.

셋째, 세상의 기쁨보다는 인생의 의미를 진중하게 생각합니다.(전 7:2-6)
"지혜자의 마음은 초상집에 있으되 우매한 자의 마음은 혼인집에 있느니라 지혜로운 사람의 책망을 듣는 것이 우매한 자들의 노래를 듣는 것보다 나으니라"(전 7:4-5)

넷째, 하나님께서 세우신 정의와 공의를 소중하게 여깁니다.

"탐욕이 지혜자를 우매하게 하고 뇌물이 사람의 명철을 망하게 하느니라"(전 7:7)

"참으로 그 압제는 지혜 있는 자를 어리석게 만든다. 그리고 뇌물은 마음을 파괴한다(=망쳐 놓는다)"(전 7:7, 원문직역)

다섯째, 하나님께서 주신 사명을 인내함으로 마치는 사람입니다.

"일의 끝이 시작보다 낫고 참는 마음이 교만한 마음보다 나으니"(전 7:8)

여섯째, 혈기와 분노를 따라가지 않습니다.

"급한 마음으로 노를 발하지 말라 노는 우매한 자들의 품에 머무름이니라"(전 7:9)

일곱째, 현실에 충실합니다.

"옛날이 오늘보다 나은 것이 어찜이냐 하지 말라 이렇게 묻는 것은 지혜가 아니니라"(전 7:10)

여덟째, '호크마'를 가장 소중하게 여깁니다.

"지혜는 유산 같이 아름답고 햇빛을 보는 자에게 유익이 되도다 지혜의 그늘 아래에 있음은 돈의 그늘 아래에 있음과 같으나, 지혜에 관한 지식이 더 유익함은 지혜가 그 지혜 있는 자를 살리기 때문이니라"(전 7:11-12)

아홉째, 하나님의 절대적인 주권적 다스림에 순종합니다.

"하나님께서 행하시는 일을 보라 하나님께서 굽게 하신 것을 누가 능히 곧게 하겠느냐 형통한 날에는 기뻐하고 곤고한 날에는 되돌아 보아라 이 두 가지를 하나님이 병행하게 하사 사람이 그의 장래 일을 능히 헤아려 알지 못하게 하

셨느니라"(전 7:13-14)

열째, 자신의 의로 살아가지 않습니다.
"내 허무한 날을 사는 동안 내가 그 모든 일을 살펴 보았더니 자기의 의로움에도 불구하고 멸망하는 의인이 있고 자기의 악행에도 불구하고 장수하는 악인이 있으니 지나치게 의인이 되지도 말며 지나치게 지혜자도 되지 말라 어찌하여 스스로 패망하게 하겠느냐"(전 7:15-16)

본 절에서 나오는 의인은 스스로 자신의 의를 추구하는 자입니다. 그리고 지혜는 세상 지식을 의미합니다.

열한째, 하나님을 선하고 거룩한 위치에서 두려워합니다.
"너는 이것도 잡으며 저것에서도 네 손을 놓지 아니하는 것이 좋으니 하나님을 경외하는 자는 이 모든 일에서 벗어날 것임이니라"(전 7:18)

열두째, 자신이 성화 되어가는 존재임을 압니다.
"선을 행하고 전혀 죄를 범하지 아니하는 의인은 세상에 없기 때문이로다"(전 7:20)

열셋째, 다른 사람들의 비판을 지나치게 의식하지 않습니다.
"또한 사람들이 하는 모든 말에 네 마음을 두지 말라 그리하면 네 종이 너를 저주하는 것을 듣지 아니하리라 너도 가끔 사람을 저주하였다는 것을 네 마음도 알고 있느니라"(전 7:21-22)

열넷째, 율법에 대한 낯선 여인을 따라가지 않습니다.

"마음은 올무와 그물 같고 손은 포승 같은 여인은 사망보다 더 쓰다는 사실을 내가 알아내었도다 그러므로 하나님을 기쁘게 하는 자는 그 여인을 피하려니와 죄인은 그 여인에게 붙잡히리로다"(잠 7:26)
"그리고 나는 죽음보다 더 쓴 그 여인을 발견하였다. 그녀의 손은 족쇄들과 같았다. 여호와 앞에서 선한 자는 그 여자로부터 구출받을 것이다. 그러나 죄를 짓고 있는 자는 그 여자에게 사로잡힐 것이다"(전 7:26, 원문직역)

율법에 대한 낯선 여인은 악하고 음란한 여인을 가리킵니다. 그리고 율법에 대한 낯선 여인은 육체의 정욕과 죄의 부패성과 오염과 오만한 자아와 악한 세상의 풍습과 거짓 교리와 사단의 다스림을 표상합니다. 누구든지 하나님께서 기뻐하시는 선한 위치에서 살지 않고 항상 죄를 짓고 있는 사람들은 "자라"(율법에 대한 낯선 여인)에게 사로잡힙니다.

열다섯째, 죄악 된 본성에서 나오는 욕구에 따라 살지 않습니다.
"내가 깨달은 것은 오직 이것이라 곧 하나님은 사람을 정직하게 지으셨으나 사람이 많은 꾀들을 낸 것이니라"(전 7:29)

위의 내용들은 우리들의 도덕적 결단과 의지적 결단으로 이룰 수 있는 삶이 아닙니다. 하나님의 영이시고 예수님의 영이신 성령님의 은혜가 아니고서는 불가능합니다. 그러므로 성삼위 하나님의 은혜로 성령님을 따라 살며 하나님을 영화롭게 하는 우리 모두가 되기를 기도합니다.

전도서 8장 2절

> "내가 권하노라 왕의 명령을 지키라 이미 하나님을 가리켜 맹세하였음이니라"(개역개정판)
>
> "나는(말한다) 너는 왕의 명령을 지키라. 그것은 하나님(앞에서) 맹세한 말들이기 때문이다"(원문직역)

전도서 8장은 지혜로운 그리스도인의 삶을 가르치고 있습니다.

지혜로운 그리스도인들은?

첫째, 하나님을 아는 지식의 말씀으로 날마다 성화됩니다.
"누가 지혜자와 같으며 누가 사물의 이치를 아는 자이냐 사람의 지혜는 그의 얼굴에 광채가 나게 하나니 그의 얼굴의 사나운 것이 변하느니라"(전 8:1)

둘째, 하나님께서 세우신 권위 앞에 순종합니다.
"내가 권하노라 왕의 명령을 지키라 이미 하나님을 가리켜 맹세하였음이니라"(전 8:2)

셋째, 적당한 시기와 판단을 분변합니다.
"지혜자의 마음은 때와 판단을 분변하나니 무슨 일에든지 때와 판단이 있으므로 사람에게 임하는 화가 심함이니라"(전 8:5하-6)

지혜로운 그리스도인은 당위성과 필연성 가운데에서 해야 하는 시기와 사실 확인과 사실 판단과 가치 판단의 터 위해서 해야 할 것과 하지 말아야 할 것을 분변하고 성령님의 뜻에 따라 의사 결정을 합니다.

넷째, 자신의 연약함과 무능력을 깨닫고 삽니다.
"바람을 주장하여 바람을 움직이게 할 사람도 없고 죽는 날을 주장할 사람도 없으며 전쟁할 때를 모면할 사람도 없으니 악이 그의 주민들을 건져낼 수는 없느니라"(전 8:8)

다섯째, 주장하는 삶을 살지 않고 섬김의 삶을 삽니다.
"내가 이 모든 것들을 보고 해 아래에서 행하는 모든 일을 마음에 두고 살핀즉 사람이 사람을 주장하여 해롭게 하는 때가 있도다"(전 8:9)

여섯째, 악인의 형통을 부러워하는 사람이 아닙니다.
"그런 후에 내가 본즉 악인들은 장사 지낸 바 되어 거룩한 곳을 떠나 그들이 그렇게 행한 성읍 안에서 잊어 버린 바 되었으니 이것도 헛되도다"(전 8:10)

일곱째, 하나님의 섭리를 두려워합니다.
"악한 일에 관한 징벌이 속히 실행되지 아니하므로 인생들이 악을 행하는 데에 마음이 담대하도다"(전 8:11)
"세상에서 행해지는 헛된 일이 있나니 곧 악인들의 행위에 따라 벌을 받는 의인들도 있고 의인들의 행위에 따라 상을 받는 악인들도 있다는 것이라 내가 이르노니 이것도 헛되도다"(전 8:14)

여덟째, 하나님을 경외합니다.
"죄인은 백 번이나 악을 행하고도 장수하거니와 또한 내가 아노니 하나님을 경외하여 그를 경외하는 자들은 잘 될 것이요 악인은 잘 되지 못하며 장수하지 못하고 그 날이 그림자와 같으리니 이는 하나님을 경외하지 아니함이니라"(전 8:12-13)

아홉째, 하나님께서 일반 은총의 복 주심을 감사하며 누리는 사람입니다.
"이에 내가 희락을 찬양하노니 이는 사람이 먹고 마시고 즐거워하는 것보다 더 나은 것이 해 아래에는 없음이라 하나님이 사람을 해 아래에서 살게 하신 날 동안 수고하는 일 중에 그러한 일이 그와 함께 있을 것이니라"(전 8:15)

열째, 하나님의 섭리를 하나님의 은혜로 깨닫고 삽니다.
"내가 마음을 다하여 지혜를 알고자 하며 세상에서 행해지는 일을 보았는데 밤낮으로 자지 못하는 자도 있도다 또 내가 하나님의 모든 행사를 살펴 보니 해 아래에서 행해지는 일을 사람이 능히 알아낼 수 없도다 사람이 아무리 애써 알아보려고 할지라도 능히 알지 못하나니 비록 지혜자가 아노라 할지라도 능히 알아내지 못하리로다"(전 8:16-17)

지혜로운 그리스도인들은 하나님 말씀에 순종하는 사람들입니다. 그러므로 삼위일체 하나님의 은혜로 하나님 말씀에 순종하며 하나님을 영화롭게 하는 우리 모두가 되기를 기도합니다.

전도서 9장 2절

"모든 사람에게 임하는 그 모든 것이 일반이라 의인과 악인, 선한 자와 깨끗한 자와 깨끗하지 아니한 자, 제사를 드리는 자와 제사를 드리지 아니하는 자에게 일어나는 일들이 모두 일반이니 선인과 죄인, 맹세하는 자와 맹세하기를 무서워하는 자가 일반이로다"(개역개정판)

"모든 사람에게 일어나는 그 모든 일은 하나이다. 그 의인과 악인에게 (그리고)선한 자와 정결한 자 그리고 부정한 자와 그리고 희생 제물을 드리는 자와 그리고 희생 제물을 드리지 않는 자가(같을 것이다)(그리고) 선한 사람과 같이 죄를 지고 있는 자도 같다. (그리고)그 맹세를 하고 있는 자나 맹세를 하는 것을 두려워하는 자도 (같을 것이다)"(원문직역)

인생들 모두에게 보편적으로 일어나는 일들에 대한 말씀입니다.

지혜로운 그리스도인들은?

첫째, 하나님의 주권적 다스림을 거룩하고 선한 위치에서 두려워합니다.(전 9:1-2, 11-12)
"이 모든 것을 내가 마음에 두고 이 모든 것을 살펴 본 즉 의인 들이나 지혜 자들이나 그들의 행위나 모두 다 하나님의 손 안에 있으니 사랑을 받을는지 미움을 받을는지 사람이 알지 못하는 것은 모두 그들의 미래의 일들임이니라"(전 9:1)
"분명히 사람은 자기의 시기도 알지 못하나니 물고기들이 재난의 그물에 걸리고 새들이 올무에 걸림 같이 인생들도 재앙의 날이 그들에게 홀연히 임하면

거기에 걸리느니라"(전 9:12)

둘째, 죄악 된 본성의 악을 두려워합니다.
"모든 사람의 결국은 일반이라 이것은 해 아래에서 행해지는 모든 일 중의 악한 것이니 곧 인생의 마음에는 악이 가득하여 그들의 평생에 미친 마음을 품고 있다가 후에는 죽은 자들에게로 돌아가는 것이라"(전 9:3)

죄악 된 본성의 악을 깨닫는 그리스도인들은 자신의 본성의 악을 날마다 십자가에 못 박습니다.

셋째, 생명 얻는 회개의 은총가운데 새 사람으로 변화되어 삼위일체 하나님을 확고한 마음과 견고한 영으로 굳게 신뢰합니다.
"모든 산 자들 중에 들어 있는 자에게는 누구나 소망이 있음은 산 개가 죽은 사자보다 낫기 때문이니라(전 9:4)
"참으로 선택받은 자가 누구냐? 그 살아있는 자로 확신이 있는 자이다. 참으로 살아있는 개가 죽은 사자보다 더 좋기 때문이다"(전 9:4, 원문직역)

넷째, 살아 있는 동안만 인생의 기회로 삼고 하나님 앞에서 헌신하는 삶을 살아갑니다.
"산 자들은 죽을 줄을 알되 죽은 자들은 아무것도 모르며 그들이 다시는 상을 받지 못하는 것은 그들의 이름이 잊어버린 바 됨이니라 그들의 사랑과 미움과 시기도 없어진 지 오래이니 해 아래에서 행하는 모든 일 중에서 그들에게 돌아갈 몫은 영원히 없느니라"(전 9:5-6)

다섯째, 하나님께서 은혜로 주신 일반은총을 감사하면서 누립니다.

"네 헛된 평생의 모든 날 곧 하나님이 해 아래에서 네게 주신 모든 헛된 날에 네가 사랑하는 아내와 함께 즐겁게 살지어다 그것이 네가 평생에 해 아래에서 수고하고 얻은 네 몫이니라"(전 9:9)

여섯째, 지혜를 세상에서 가장 소중한 가치로 여깁니다.
"그러므로 내가 이르기를 지혜가 힘보다 나으나 가난한 자의 지혜가 멸시를 받고 그의 말들을 사람들이 듣지 아니한다 하였노라"(전 9:16)

가난한 자의 지혜는 그리스도인들의 지혜를 표상합니다. 그리스도인들이 세상 사람들에게 예수 그리스도의 대속의 죽으심과 부활하심과 영화로우심이라는 구원의 경륜의 프로그램을 전하고 선포해도 세상 사람들은 귀머거리 독사들처럼 지혜의 말씀을 듣지 않습니다. 그러나 택함 받은 사람들은 성령님의 은혜로 지혜의 말씀인 복음을 듣습니다.

"조용히 들리는 지혜자들의 말들이 우매한 자들을 다스리는 자의 호령보다 나으니라"(전 9:17)
"조용한 지혜로운 자들의 말은 우둔한 자들 중에 있는 통치자들의 부르짖음보다 더 들려지고 있다"(전 9:17, 원문직역)

성삼위 하나님의 은혜로 지혜의 말씀인 복음을 믿고 복음을 전파하며 하나님을 영화롭게 하는 우리 모두가 되기를 기도합니다.

전도서 10장 2절

> "지혜자의 마음은 오른쪽에 있고 우매자의 마음은 왼쪽에 있느니라"(개역개정판)
>
> "지혜자의 마음은 그의 오른쪽으로 향한다. 그러나 우둔한 자의 마음은 그의 왼쪽을 향한다"(원문직역)

전도서 10장은 지혜로운 자와 어리석은 자를 비교하는 말씀입니다.

지혜로운 그리스도인들은?

첫째, 어떤 적은 일에도 악한 생각의 습관과 악한 행동의 습관을 따라가지 않습니다.

"죽은 파리들이 향 기름을 악취가 나게 만드는 것 같이 적은 우매가 지혜와 존귀를 난처하게 만드느니라"(전 10:1)
"죽은 파리들이 향유 제조자의 발효하고 있는 혼합한 기름에 악취를 나게 한다. 적은 어리석음이 지혜와 영예(=명예)보다 더 가치가 있을 수 있다(= 더 귀하게 여겨진다, 더 무겁다)"(전 10:1, 원문직역)

둘째, 자신의 마음을 확고한 마음과 견고한 영으로 날마다 굳게 지킵니다.

"지혜자의 마음은 오른쪽에 있고 우매자의 마음은 왼쪽에 있느니라"(전 10:2)

셋째, 하나님께서 세우신 권세에 복종합니다.

"주권자가 네게 분을 일으키거든 너는 네 자리를 떠나지 말라 공손함이 큰 허물을 용서 받게 하느니라"(전 10:4)
"만약 그 통치자의 바람이(=분노가) 너에 대하여 올라오면 너는 네 자리를 쉽게 하지 마라(=떠나지 마라) 왜냐하면 침착함은 큰 죄들을 짓지 않게 하기 때문이다"(전 10:4, 원문직역)

넷째, 바른 가치 판단과 의사 결정을 합니다.
"우매한 자가 크게 높은 지위들을 얻고 부자들이 낮은 지위에 앉는도다"(전 10:6)

6절에서 부자란 단순히 재물이 많음이 아니라 지정의가 골고루 갖춰진 사람을 의미합니다.

다섯째, 이웃과 공통체에게 해를 끼치지 않습니다.
"함정을 파는 자는 거기에 빠질 것이요 담을 허는 자는 뱀에게 물리리라 돌들을 떠내는 자는 그로 말미암아 상할 것이요 나무들을 쪼개는 자는 그로 말미암아 위험을 당하리라"(전 10:8-9)

여섯째, 지혜를 소중하게 여기는 사람입니다.
"철 연장이 무디어졌는데도 날을 갈지 아니하면 힘이 더 드느니라 오직 지혜는 성공하기에 유익하니라"(전 10:10)

일곱째, 입술을 다스립니다.
"우매한 자는 말을 많이 하거니와 사람은 장래 일을 알지 못하나니 나중에 일어날 일을 누가 그에게 알리리요"(전 10:14)

여덟째, 착하고 충성됩니다.

"왕은 어리고 대신들은 아침부터 잔치하는 나라여 네게 화가 있도다"(전 10:16)

지혜로운 그리스도인의 삶은 성령님을 따라 살아갈 때에만 가능합니다. 그러므로 성삼위 하나님의 은혜로 성령님을 따라 지혜로운 삶을 살며 하나님을 영화롭게 하는 우리 모두가 되기를 기도합니다.

전도서 11장 1절

> "너는 네 떡을 물 위에 던져라 여러 날 후에 도로 찾으리라"(개역개정판)
>
> "너는 네 빵을 물 위로 던지라 왜냐하면 많은 날들(후에) 네가 그것을 찾을 것이기 때문이다"(원문직역)

전도서 11장은 지혜로운 그리스도인의 삶을 가르치고 있습니다.

지혜로운 그리스도인은?

첫째, 구제합니다.
"너는 네 떡을 물 위에 던져라 여러 날 후에 도로 찾으리라 일곱에게나 여덟에게 나눠 줄지어다 무슨 재앙이 땅에 임할지 네가 알지 못함이니라 구름에 비가 가득하면 땅에 쏟아지며 나무가 남으로나 북으로나 쓰러지면 그 쓰러진 곳에 그냥 있으리라"(전 11:1-3)

둘째, 주어진 삶에 성실합니다.
"빛은 실로 아름다운 것이라 눈으로 해를 보는 것이 즐거운 일이로다 사람이 여러 해를 살면 항상 즐거워할지로다 그러나 캄캄한 날들이 많으리니 그 날들을 생각할지로다 다가올 일은 다 헛되도다"(전 11:7-8)
"만약 그 사람이 많은 해들을 산다면 그는 그 모든 것 안에서 즐거워해야 한다. 그리고 그는 어두운 날들을 기억해야 한다. 왜냐하면 다가오고 있는(날들에)헛된 것이 많을 것이기 때문이다"(전 11:8, 원문직역)

셋째, 하나님의 존전 앞에서 삽니다.

"청년이여 네 어린 때를 즐거워하며 네 청년의 날들을 마음에 기뻐하여 마음에 원하는 길들과 네 눈이 보는 대로 행하라 그러나 하나님이 이 모든 일로 말미암아 너를 심판하실 줄 알라 그런즉 근심이 네 마음에서 떠나게 하며 악이 네 몸에서 물러가게 하라 어릴 때와 검은 머리의 시절이 다 헛되니라"(전 11:9-10)

지혜로운 그리스도인들은 '야타브'(착하다, 선하다)합니다. 눈이 착하고 귀가 착하고 입술이 착하고 손이 착하고 발이 착하고 생각이 착하고 마음이 착하고 의지가 착합니다. '야타브'한 사람은 하나님의 존전 앞에서 하나님을 사랑하고 주어진 인생을 사랑하고 이웃을 사랑합니다. 그러므로 성삼위 하나님의 은혜로 '야타브'한 사람이 되어 하나님을 영화롭게 하는 우리 모두가 되기를 기도합니다.

전도서 12장 1절

> "너는 청년의 때에 너의 창조주를 기억하라 곧 곤고한 날이 이르기 전에, 나는 아무 낙이 없다고 할 해들이 가깝기 전에"(개역개정판)
>
> "너는 그 악한 날들이(=어려운, 고난, 불행, 인생의 노년기에 맞게 될 쇠약한 날들) 오기 전에 너의 젊음의 날에 너를 창조하신 분을 기억하라. 또한 너는 그것들에서 내게는 기쁨이 없다라고 말하는 해가 다가오기 때문이다"(원문 직역)

전도서 12장은 모든 인생들의 삶의 프로그램과 본분을 가르치고 있습니다.

지혜로운 그리스도인들은?

첫째, 삼위일체 하나님의 창조의 사역을 소중하게 여기고 삽니다.
"너는 청년의 때에 너의 창조주를 기억하라 곧 곤고한 날이 이르기 전에, 나는 아무 낙이 없다고 할 해들이 가깝기 전에 해와 빛과 달과 별들이 어둡기 전에, 비 뒤에 구름이 다시 일어나기 전에 그리하라"(전 12:1-2)

창조하신 분을 기억하라는 말씀은 삼위일체 하나님이신 성부 하나님의 창조 사역의 은총과 성자 하나님의 구속 사역의 은총과 성령 하나님의 성화 사역의 은총가운데 살아가라는 말씀입니다.

둘째, 하나님께서 정하신 인생의 프로그램을 압니다.
"은 줄이 풀리고 금 그릇이 깨지고 항아리가 샘 곁에서 깨지고 바퀴가 우물 위에서 깨지고 흙은 여전히 땅으로 돌아가고 영은 그것을 주신 하나님께로 돌아가기 전에 기억하라"(전 12:6-7)

셋째, 하나님 없는 인생은 허무하고 덧없는 인생임을 압니다.
"전도자가 이르되 헛되고 헛되도다 모든 것이 헛되도다"(전 12:8)

넷째, 하나님 말씀을 최고의 가치로 알고 살아갑니다.
"지혜자들의 말씀들은 찌르는 채찍들 같고 회중의 스승들의 말씀들은 잘 박힌 못 같으니 다 한 목자가 주신 바이니라"(전 12:11)

다섯째, 하나님을 떠난 자아의 노력이나 세상 지혜의 헛됨을 깨닫습니다.
"내 아들아 또 이것들로부터 경계를 받으라 많은 책들을 짓는 것은 끝이 없고 많이 공부하는 것은 몸을 피곤하게 하느니라"(전 12:12)

일반 은총을 무시하는 말씀이 아닙니다. 하나님을 인정하지 않는 일반 은총의 헛됨을 지적하는 말씀입니다.

여섯째, 인생의 본분인 하나님을 경외하고 하나님 말씀에 순종하는 위치에서 삽니다.
"일의 결국을 다 들었으니 하나님을 경외하고 그의 명령들을 지킬지어다 이것이 모든 사람의 본분이니라"(전 12:13)

일곱째, 하나님의 심판대 앞에 서야 하는 것을 압니다.

"하나님은 모든 행위와 모든 은밀한 일을 선악 간에 심판하시리라"(전 12:12) "왜냐하면 그 하나님께서 모든 행위를 심판으로 가져가실 것이기 때문이다. 숨겨진 모든 것들로 (그리고)좋은 것이든지 그리고 악한 것이다"(전 12:12, 원문직역)

인생의 본분은 선하고 거룩한 위치에서 하나님을 두려워하며 하나님 말씀에 순종하는 위치입니다. 그러므로 성삼위 하나님의 은혜로 인생 본분의 위치에서 살아가며 하나님을 영화롭게 하는 우리 모두가 되기를 기도합니다.

아가

아가 1장 1절

"솔로몬의 아가라"(개역개정판)

"솔로몬을 위한 그 노래들 중의 노래"(원문직역)

아가서는 솔로몬 왕과 술람미 여인과의 사랑을 노래한 서정시입니다. 솔로몬 왕은 만 왕의 왕이시고 만 주의 주이신 예수 그리스도를 표상합니다. 술람미 여인은 예수 그리스도의 몸 된 교회와 그 지체들인 성도들을 표상합니다. 아가서 1장은 솔로몬 왕에 대한 술람미 여인의 간절한 사랑과 술람미 여인에 대한 솔로몬 왕의 사랑이 기록되어 있습니다.

예수 그리스도의 몸 된 교회와 그 지체들인 성도들은?

첫째, 예수님과 연합된 은총 가운데 예수님에 대한 사랑의 갈망으로 살아갑니다.
"내게 입 맞추기를 원하니 네 사랑이 포도주보다 나음이로구나"(아 1:2)

둘째, 예수님의 이름인 복음을 사랑합니다.
"네 기름이 향기로워 아름답고 네 이름이 쏟은 향기름 같으므로 처녀들이 너를 사랑하는구나"(아 1:3)

셋째, 예수님과의 거룩한 사귐의 은총가운데 살아갑니다.
"왕이 나를 그의 방으로 이끌어 들이시니 너는 나를 인도하라 우리가 너를 따라 달려가리라 우리가 너로 말미암아 기뻐하며 즐거워하니 네 사랑이 포도주보다 더 진함이라 처녀들이 너를 사랑함이 마땅하니라"(아 1:4)

넷째, 칭의의 은총으로 살아갑니다.
"예루살렘 딸들아 내가 비록 검으나 아름다우니 게달의 장막 같을지라도 솔로몬의 휘장과도 같구나"(아 1:5)

다섯째, 세상에서 고난 받으며 애통해 합니다.
"내가 햇볕에 쬐어서 거무스름할지라도 흘겨보지 말 것은 내 어머니의 아들들이 나에게 노하여 포도원지기로 삼았음이라 나의 포도원을 내가 지키지 못하였구나"(아 1:6)

여섯째, 예수님에 대하여 주리고 목말라 합니다.
"내 마음으로 사랑하는 자야 네가 양 치는 곳과 정오에 쉬게 하는 곳을 내게 말하라 내가 네 친구의 양 떼 곁에서 어찌 얼굴을 가린 자 같이 되랴"(아 1:7)

일곱째, 역사적으로 검증된 바른 표준 문서의 교리를 따라갑니다.
"여인 중에 어여쁜 자야 네가 알지 못하겠거든 양 떼의 발자취를 따라"(아 1:8상)
"그 여자들 중에서 그 아름다운 자여 만일 네가 네 스스로 알지 못한다면 양의 발자국을 따라 너는 네 스스로 나가라"(아 1:8상, 원문직역)

여덟째, 하나의 거룩한 공교회에 속한 바른 지교회의 지체가 되어서 더불어 함께 지어져 갑니다.
"목자들의 상막 곁에서 너의 염소 새끼를 먹일지니라"(아 1:8하)
"그리고 목자들의 장막에서 네 새끼 염소를 먹이라"(아 1:8하, 원문직역)

아홉째, 바른 예배를 드립니다.
"왕이 침상에 앉았을 때에 나의 나도 기름이 향기를 뿜어냈구나"(아 1:12)

열째, 예수님을 품에 모시고 사랑합니다.
"나의 사랑하는 자는 내 품 가운데 몰약 향주머니요 나의 사랑하는 자는 내게 엔게디 포도원의 고벨화 송이로구나"(아 1:13-14)

교회의 머리이신 예수님께서 예수님의 몸 된 교회와 그 지체인 성도들에게?

첫째, 그리스도의 군사로 만드십니다.
"내 사랑아 내가 너를 바로의 병거의 준마에 비하였구나"(아 1:9)

둘째, 하늘의 신령한 은혜와 은사로 치장해 주십니다.
"네 두 뺨은 땋은 머리털로, 네 목은 구슬꿰미로 아름답구나 우리가 너를 위하여 금 사슬에 은을 박아 만들리라"(아 1:10-11)

셋째, 거룩한 성품을 갖게 하십니다.
"내 사랑아 너는 어여쁘고 어여쁘다 네 눈이 비둘기 같구나"(아 1:15)

넷째, 말씀과 기도로 교제하십니다.
"나의 사랑하는 자야 너는 어여쁘고 화창하다 우리의 침상은 푸르고"(아 1:16)

다섯째, 성령님과 말씀으로 든든히 세워 주십니다.
"우리 집은 백향목 들보, 잣나무 서까래로구나"(아 1:17)

예수님 예수님의 몸 된 교회와 그 지체들인 성도들은 거룩한 사귐과 거룩한 다스림에 참여된 한 몸입니다. 그러므로 성삼위 하나님의 은혜로 교회의 머리이신 예수님을 사랑하며 하나님을 영화롭게 하는 우리 모두가 되기를 기도합니다.

아가 2장 1절

> "나는 사론의 수선화요 골짜기의 백합화로다"(개역개정판)
>
> "나는 그 샤론의 수선화이다. (그리고) 그 골짜가의 백합화이다"(원문직역)

아가 2장도 솔로몬 왕과 술람미 여인의 대화와 고백입니다.

솔로몬 왕이 표상하는 예수 그리스도는?

첫째, 유일한 독생자입니다.
"나는 사론의 수선화요"(아 2:1상)

둘째, 온유하고 겸손한 분입니다.
"골짜기의 백합화로다"(아 2:1하)

셋째, 말씀으로 은혜를 베푸시는 분입니다.
"남자들 중에 나의 사랑하는 자는 수풀 가운데 사과나무 같구나 내가 그 그늘에 앉아서 심히 기뻐하였고 그 열매는 내 입에 달았도다"(아 2:3)
"너희는 건포도로 내 힘을 돕고 사과로 나를 시원하게 하라 내가 사랑하므로 병이 생겼음이라"(아 2:5)
"내 사랑하는 자는 내게 속하였고 나는 그에게 속하였도다 그가 백합화 가운데에서 양 떼를 먹이는구나"(아 2:16)

넷째, 예수 그리스도의 몸 된 교회의 지체로 만드시는 분입니다.

"그가 나를 인도하여 잔칫집에 들어갔으니 그 사랑은 내 위에 깃발이로구나"(아 2:4)

다섯째, 당신의 지체들을 보호하시고 사랑하시는 분입니다.
"그가 왼팔로 내 머리를 고이고 오른팔로 나를 안는구나"(아 2:6)

여섯째, 잃어버린 양들을 찾으시고 연약한 당신의 지체들과 교제하시는 분입니다.
"내 사랑하는 자의 목소리로구나 보라 그가 산에서 달리고 작은 산을 빨리 넘어오는구나 내 사랑하는 자는 노루와도 같고 어린 사슴과도 같아서 우리 벽 뒤에 서서 창으로 들여다보며 창살 틈으로 엿보는구나"(아 2:8-9)

일곱째, 하나님 나라 속으로 인도하시는 분입니다.
"무화과나무에는 푸른 열매가 익었고 포도나무는 꽃을 피워 향기를 토하는구나 나의 사랑, 나의 어여쁜 자야 일어나서 함께 가자"(아 2:13)

여덟째, 교회의 원수들을 심판하시는 분입니다.
"우리를 위하여 여우 곧 포도원을 허는 작은 여우를 잡으라 우리의 포도원에 꽃이 피었음이라"(아 2:15)

술람미 여인을 표상하는 예수 그리스도의 몸 된 교회와 지체인 성도들은?

첫째, 예수 그리스도의 신부입니다.
"여자들 중에 내 사랑은 가시나무 가운데 백합화 같도다"(아 2:2)
"가시덤불들 사이에 있는 백합화처럼 그렇게 내 사랑하는 자는 그 딸들 사이

에 있다"(아 2:2 원문직역)

둘째, 하나님의 말씀에 주리고 목말라 합니다.
"남자들 중에 나의 사랑하는 자는 수풀 가운데 사과나무 같구나 내가 그 그늘에 앉아서 심히 기뻐하였고 그 열매는 내 입에 달았도다"(아 2:3)
"너희는 건포도로 내 힘을 돕고 사과로 나를 시원하게 하라 내가 사랑하므로 병이 생겼음이라"(아 2:5)

셋째, 교회의 머리이신 예수 그리스도의 사랑과 보호를 받습니다.
"그가 나를 인도하여 잔칫집에 들어갔으니 그 사랑은 내 위에 깃발이로구나"(아 2:4)
"그가 왼팔로 내 머리를 고이고 오른팔로 나를 안는구나"(아 2:6)

넷째, 예수 그리스도와의 거룩한 사귐에 주리고 목말라 합니다.
"예루살렘 딸들아 내가 노루와 들사슴을 두고 너희에게 부탁한다 내 사랑이 원하기 전에는 흔들지 말고 깨우지 말지니라"(아 2:7)
"내 사랑하는 자야 날이 저물고 그림자가 사라지기 전에 돌아와서 베데르 산의 노루와 어린 사슴 같을지라"(아 2:17)

다섯째, 예수 그리스도의 성품을 닮고 복음을 전파합니다.
"바위 틈 낭떠러지 은밀한 곳에 있는 나의 비둘기야 내가 네 얼굴을 보게 하라 네 소리를 듣게 하라 네 소리는 부드럽고 네 얼굴은 아름답구나"(전 2:14)

예수 그리스도의 몸 된 교회와 그 지체인 성도들은 예수 그리스도와 의 거룩한 사귐과 다스림에 참여되는 것을 주리고 목말라 합니다. 그러므로 성삼위 하나님의 은혜로 예수 그리스도와의 거룩한 사귐과 다스림에 참여되며 하나님을 영화롭게 하는 우리 모두가 되기를 기도합니다.

아가 3장 1절

> "내가 밤에 침상에서 마음으로 사랑하는 자를 찾았노라 찾아도 찾아내지 못하였노라"(개역개정판)
>
> "밤에 내 침상에서 나는 내 영혼이 사랑하는 자를 찾았다. 내가 그를 찾았다. 그러나 나는 발견하지 못했다"(원문직역)

아가 3장은 솔로몬 왕과 술람미 여인의 사랑의 꿈이 결혼으로 실현 되는 말씀입니다.

예수 그리스도의 몸 된 교회와 그 지체된 성도들은?

첫째, 교회의 머리이신 예수 그리스도를 주리고 목마른 심령으로 찾습니다.

"내가 밤에 침상에서 마음으로 사랑하는 자를 찾았노라 찾아도 찾아내지 못하였노라 이에 내가 일어나서 성 안을 돌아다니며 마음에 사랑하는 자를 거리에서나 큰 길에서나 찾으리라 하고 찾으나 만나지 못하였노라 성 안을 순찰하는 자들을 만나서 묻기를 내 마음으로 사랑하는 자를 너희가 보았느냐 하고"(아 3:1-3)

둘째, 예수 그리스도와의 거룩한 사귐을 소중하게 여깁니다.

"그들을 지나치자마자 마음에 사랑하는 자를 만나서 그를 붙잡고 내 어머니 집으로, 나를 잉태한 이의 방으로 가기까지 놓지 아l하였노라 에루살렘 딸들아 내가 노루와 들사슴을 두고 너희에게 부탁한다 사랑하는 자가 원하기 전에

는 흔들지 말고 깨우지 말지니라"(전 3:4-5)

셋째, 세상에서 복음의 향기를 드러내고 전파합니다.
"몰약과 유향과 상인의 여러 가지 향품으로 향내 풍기며 연기 기둥처럼 거친 들에서 오는 자가 누구인가 볼지어다 솔로몬의 가마라"(아 3:6-7상)

교회의 머리이신 예수님은?

첫째, 교회와 성도들을 보호하십니다.
"이스라엘 용사 중 육십 명이 둘러쌌는데 다 칼을 잡고 싸움에 익숙한 사람들이라 밤의 두려움으로 말미암아 각기 허리에 칼을 찼느니라"(전 3:7상-8)

둘째, 교회와 성도들을 예수 그리스도의 신부로 단장시킵니다.
"솔로몬 왕이 레바논 나무로 자기의 가마를 만들었는데 그 기둥은 은이요 바닥은 금이요 자리는 자색 깔개라 그 안에는 예루살렘 딸들의 사랑이 엮어져 있구나"(아 3:9-10)

셋째, 왕 되신 예수 그리스도와 혼인하게 하시고 혼인 잔치에 참여시킵니다.
"시온의 딸들아 나와서 솔로몬 왕을 보라 혼인날 마음이 기쁠 때에 그의 어머니가 씌운 왕관이 그 머리에 있구나"(아 3:11)
"또 내가 새 하늘과 새 땅을 보니 처음 하늘과 처음 땅이 없어졌고 바다도 다시 있지 않더라 또 내가 보매 거룩한 성 새 예루살렘이 하나님께로부터 하늘에서 내려오니 그 준비한 것이 신부가 남편을 위하여 단장한 것 같더라"(계 21:1-2)

그리스도인들은 하나의 거룩한 공교회에 속한 바른 지교회의 지체가 되어서 그리스도의 신부로 더불어 함께 지어져 가는 사람들입니다. 그러므로 성삼위 하나님의 은혜로 예수 그리스도의 몸 된 교회에서 더불어 함께 지어져 가며 하나님을 영화롭게 하는 우리 모두가 되기를 기도합니다.

아가 4장 1절

> "내 사랑 너는 어여쁘고도 어여쁘다 너울 속에 있는 네 눈이 비둘기 같고 네 머리털은 길르앗 산기슭에 누운 염소 떼 같구나"(개역개정판)
>
> "보라 너는 아름답다. 내 사랑아 보라 너는 아름답다. 네 눈들은 네 너울 뒤에 있는 비둘기(같다). 네 머리털은 길르앗 산에서 뛰어 내려온 그 염소 떼들과 같다"(원문 직역)

아가 4장은 솔로몬 왕과 술람미 여인과의 대화입니다.

교회의 머리이신 예수 그리스도께서 예수 그리스도의 몸 된 교회와 그 지체인 성도들을 칭찬하시는 덕목은?

첫째, 온유하고 겸손함입니다.
"내 사랑 너는 어여쁘고도 어여쁘다 너울 속에 있는 네 눈이 비둘기 같고"(아 4:1상)

둘째, 하나님의 말씀과 하나님께서 세우신 권위와 질서에 순종하는 삶입니다.
"네 머리털은 길르앗 산기슭에 누운 염소 떼 같구나"(아 4:1하)

셋째 말씀을 잘 먹고 말씀으로 잃어버린 영혼들을 찾고 말씀으로 잘 자라는 삶입니다.

"네 이는 목욕장에서 나오는 털 깎인 암양 곧 새끼 없는 것은 하나도 없이 각각 쌍태를 낳은 양 같구나"(아 4:2)
"네 두 유방은 백합화 가운데서 꼴을 먹는 쌍태 어린 사슴 같구나"(아 4:5)

넷째, 예수 그리스도의 성품으로 복음을 전하는 삶입니다.

"네 입술은 홍색 실 같고 네 입은 어여쁘고 너울 속의 네 뺨은 석류 한 쪽 같구나"(아 4:3)
"내 신부야 네 입술에서는 꿀방울이 떨어지고 네 혀 밑에는 꿀과 젖이 있고 네 의복의 향기는 레바논의 향기 같구나"(아 4:11)

다섯째, 확고한 마음과 견고한 영으로 예수 그리스도를 굳게 신뢰하는 믿음입니다.

"네 목은 무기를 두려고 건축한 다윗의 망대 곧 방패 천 개, 용사의 모든 방패가 달린 망대 같고"(아 4:4)
"내 누이, 내 신부야 네가 내 마음을 빼앗았구나 네 눈으로 한 번 보는 것과 네 목의 구슬 한 꿰미로 내 마음을 빼앗았구나"(아 4:9)

여섯째, 칭의와 성화의 은총가운데 거하는 삶입니다.

"나의 사랑 너는 어여쁘고 아무 흠이 없구나"(아 4:7)

일곱째, 죄를 버리고 예수 그리스도를 따라가는 삶입니다.

"내 신부야 너는 레바논에서부터 나와 함께 하고 레바논에서부터 나와 함께 가자 아마나와 스닐과 헤르몬 꼭대기에서 사자 굴과 표범 산에서 내려오너라"(아 4:8)

여덟째, 예수님을 사랑하는 마음으로 가득 차서 예수님을 사랑하는 삶입니다.

"내 누이, 내 신부야 네 사랑이 어찌 그리 아름다운지 네 사랑은 포도주보다 진하고"(아 4:10)

아홉째, 성령님과의 거룩한 사귐 가운데 사는 삶입니다.

"네 기름의 향기는 각양 향품보다 향기롭구나"(아 4:10하)

열째, 순결하고 정숙하고 현숙한 예수 그리스도의 신부의 위치에서 사는 삶입니다.

"내 누이, 내 신부는 잠근 동산이요 덮은 우물이요 봉한 샘이로구나"(아 4:12)

열한째, 선한 성품과 선한 열매를 맺는 삶입니다.

"네게서 나는 것은 석류나무와 각종 아름다운 과수와 고벨화와 나도풀과 나도와 번홍화와 창포와 계수와 각종 유향목과 몰약과 침향과 모든 귀한 향품이요"(아 4:13-14)

열두째, 성령님의 은혜와 말씀의 은혜로 영혼들을 살리는 삶입니다.

"너는 동산의 샘이요 생수의 우물이요 레바논에서부터 흐르는 시내로구나"(아 4:15)

열셋째, 성령님의 열매를 맺는 삶입니다.

"북풍아 일어나라 남풍아 오라 나의 동산에 불어서 향기를 날리라 나의 사랑하는 자가 그 동산에 들어가서 그 아름다운 열매 먹기를 원하노라"(아 4:16)

그리스도인들은 예수 그리스도와의 거룩한 사귐과 다스림에 참여되어 거룩한 지식의 열매와 성품의 열매와 헌신의 열매를 맺어 주님을 기쁘시게 하는 사람들입니다. 그러므로 성삼위 하나님의 은혜로 아름다운 열매를 맺어 하나님을 영화롭게 하는 우리 모두가 되기를 기도합니다.

아가 5장 10절

> "내 사랑하는 자는 희고도 붉어 많은 사람 가운데에 뛰어나구나"(개역개정판)
>
> "내 사랑하는 이는 빛나고 붉다. 만 사람보다 뛰어나다"(원문직역)

아가 5장은 연약한 술람미 여인이 솔로몬 왕을 찾는 내용입니다. 그리스도인들은 은혜 생활을 하다가도 육신의 연약함과 세상으로 기울어지는 나약함으로 영적인 침체 안에서 고난을 당하기도 합니다.(아 5:1-7)

"내가 내 사랑하는 자를 위하여 문을 열었으나 그는 벌써 물러갔네 그가 말할 때에 내 혼이 나갔구나 내가 그를 찾아도 못 만났고 불러도 응답이 없었노라 성 안을 순찰하는 자들이 나를 만나매 나를 쳐서 상하게 하였고 성벽을 파수하는 자들이 나의 겉옷을 벗겨 가졌도다"(아 5:6-7)

성령님께서는 회복하게 하는 은총을 주십니다.(아 5:8-9)
"예루살렘 딸들아 너희에게 내가 부탁한다 너희가 내 사랑하는 자를 만나거든 내가 사랑하므로 병이 났다고 하려무나"(아 5:8)

우리들의 신앙을 회복시키시는 예수 그리스도는?

첫째, 신인이성 일 인격을 지니신 참 하나님이시고, 참 사람이신 분입니다.

"내 사랑하는 자는 희고도 붉어"(아 5:10상)

둘째, 인류의 머리이십니다.

"많은 사람 가운데에 뛰어나구나"(아 5:10하)
예수 그리스도는 하나님 나라의 중심이시고 왕이십니다. 교회의 머리이십니다. 세상과 역사의 중심이시고 주인이시고 왕이십니다.

셋째, 만왕의 왕이시고 만 주의 주이십니다.
"머리는 순금 같고"(아 5:11상)

넷째, 영원하신 분입니다.
"머리털은 고불고불하고 까마귀 같이 검구나"(아 5:11하)

다섯째, 전지하신 분입니다.
"눈은 시냇가의 비둘기 같은데 우유로 씻은 듯하고 아름답게도 박혔구나"(아 5:12)

여섯째, 은혜가 충만하신 분입니다.
"뺨은 향기로운 꽃밭 같고 향기로운 풀언덕과도 같고"(아 5:13상)

여섯째, 영생의 말씀입니다.
"입술은 백합화 같고 몰약의 즙이 뚝뚝 떨어지는구나"(아 5:13하)
"입은 심히 달콤하니 그 전체가 사랑스럽구나"(아 5:16상)

여덟째, 전능하신 분입니다.

"손은 황옥을 물린 황금 노리개 같고"(아 5:14상)

아홉째, 거룩하시고 성결하시는 분입니다.
"몸은 아로새긴 상아에 청옥을 입힌 듯하구나"(아 5:14하)

열째, 신성의 모든 충만이 육체에 거하시는 분입니다.
"다리는 순금 받침에 세운 화반석 기둥 같고 생김새는 레바논 같으며 백향목 처럼 보기 좋고"(아 5:15)

열한째, 우리들을 친구로 삼아주십니다.
"예루살렘 딸들아 이는 내 사랑하는 자요 나의 친구로다"(아 5:16하)

그리스도인들의 영원한 신랑이신 예수 그리스도는 자신의 신부인 교회와 성도들을 회복시키시는 분입니다. 그러므로 성삼위 하나님의 은혜로 회복하는 은총가운데 하나님을 영화롭게 하는 우리 모두가 되기를 기도합니다.

아가 6장 2절

> "내 사랑하는 자가 자기 동산으로 내려가 향기로운 꽃밭에 이르러서 동산 가운데에서 양 떼를 먹이며 백합화를 꺾는구나"(개역개정판)
>
> "내 사랑하는 자가 그의 정원으로 내려갔다. 정원들에서 양을 치며 그리고 백합화들을 모으는구나"(원문직역)

아가 6장은 솔로몬 왕과 술람미 여인의 사랑이 시련을 이기고 회복되는 내용입니다.

솔로몬 왕이 표상하는 예수 그리스도는?

첫째, 선한 목자이십니다.
"내 사랑하는 자가 자기 동산으로 내려가 향기로운 꽃밭에 이르러서 동산 가운데에서 양 떼를 먹이며 백합화를 꺾는구나"(아 6:2)

둘째, 성도들을 자신의 지체로 삼으십니다.
"나는 내 사랑하는 자에게 속하였고 내 사랑하는 자는 내게 속하였으며 그가 백합화 가운데에서 그 양 떼를 먹이는도다"(아 6:3)

셋째, 그리스도인들을 사랑하십니다.
"내 사랑아 너는 디르사 같이 어여쁘고, 예루살렘 같이 곱고, 깃발을 세운 군대 같이 당당하구나"(아 6:4)

넷째, 그리스도인들을 존귀하게 만드시는 분입니다.

"부지중에 내 마음이 나를 내 귀한 백성의 수레 가운데에 이르게 하였구나"(아 6:12)

다섯째, 생명 얻는 회개의 은총을 주십니다.

"돌아오고 돌아오라 술람미 여자야 돌아오고 돌아오라 우리가 너를 보게 하라 너희가 어찌하여 마하나임에서 춤추는 것을 보는 것처럼 술람미 여자를 보려느냐"(아 6:13)

술람미 여인을 표상하는 예수 그리스도의 몸 된 교회와 그 지체들인 성도들은?

첫째, 지체들에게 복음의 영광을 드러냅니다.

"여자들 가운데에서 어여쁜 자야 네 사랑하는 자가 어디로 갔는가 네 사랑하는 자가 어디로 돌아갔는가 우리가 너와 함께 찾으리라"(아 6:1)

둘째, 교회의 머리이신 예수 그리스도의 통치와 다스림에 순종합니다.

"내 사랑하는 자가 자기 동산으로 내려가 향기로운 꽃밭에 이르러서 동산 가운데에서 양 떼를 먹이며 백합화를 꺾는구나"(아 6:2)

셋째, 예수 그리스도와 연합된 은총 가운데 거합니다.

"나는 내 사랑하는 자에게 속하였고 내 사랑하는 자는 내게 속하였으며 그가 백합화 가운데에서 그 양 떼를 먹이는도다"(아 6:3)

넷째, 예수 그리스도로 기뻐하고 즐거워합니다.

"내 사랑아 너는 디르사 같이 어여쁘고,"(아 6:4)

다섯째, 바른 예배를 드립니다.
"예루살렘 같이 곱고"(아 6:4중)

여섯째, 죄와 세상과 사단과의 전투에서 승리합니다.
"깃발을 세운 군대 같이 당당하구나"(아 6:4하)
"깃발을 세운 군대 같이 당당한 여자가 누구인가"(아 6:10하)

일곱째, 예수 그리스도를 사랑합니다.
"네 눈이 나를 놀라게 하니 돌이켜 나를 보지 말라"(아 6:5상)

여덟째, 하나님 말씀과 하나님께서 세우신 권위와 질서에 순종합니다.
"네 머리털은 길르앗 산 기슭에 누운 염소 떼 같고"(아 6:5하)

아홉째, 말씀을 사랑합니다.
"네 이는 목욕하고 나오는 암양 떼 같으니 쌍태를 가졌으며 새끼 없는 것은 하나도 없구나"(아 6:6)

열째, 그리스도의 성품이 있습니다.
"너울 속의 네 뺨은 석류 한 쪽 같구나"(아 6:7)

열한째, 하나의 거룩한 공교회에 속해 있습니다.
"내 비둘기, 내 완전한 자는 하나뿐이로구나 그는 그의 어머니의 외딸이요 그 낳은 자가 귀중하게 여기는 자로구나 여자들이 그를 보고 복된 자라 하고 왕

비와 후궁들도 그를 칭찬하는구나"(아 6:9)

열두째, 성결합니다.

"아침 빛 같이 뚜렷하고 달 같이 아름답고 해 같이 맑고"(아 6:10상)

열셋째, 성령님의 열매를 맺습니다.

"골짜기의 푸른 초목을 보려고 포도나무가 순이 났는가 석류나무가 꽃이 피었는가 알려고 내가 호도 동산으로 내려갔을 때에"(아 6:11)

열넷째, 성령님의 은혜 가운데 거합니다.

"부지중에 내 마음이 나를 내 귀한 백성의 수레 가운데에 이르게 하였구나"(아 6:12)

열다섯째, 생명 얻는 회개의 은총 가운데 거합니다.

"돌아오고 돌아오라 술람미 여자야 돌아오고 돌아오라 우리가 너를 보게 하라 너희가 어찌하여 마하나임에서 춤추는 것을 보는 것처럼 술람미 여자를 보려느냐"(아 6:13)

예수 그리스도의 몸 된 교회와 그 지체인 성도들은 예수 그리스도와 연합된 위치에서 존재하고 살아갑니다. 그러므로 성삼위 하나님의 은혜로 연합의 은총가운데 거하며 하나님을 영화롭게 하는 우리 모두가 되기를 기도합니다.

아가 7장 1절

> "귀한 자의 딸아 신을 신은 네 발이 어찌 그리 아름다운가 네 넓적다리는 둥글어서 숙련공의 손이 만든 구슬 꿰미 같구나"(개역개정판)
>
> "얼마나 아름다운가? 신발 속의 네 발이 (그리고) 귀한 이의 딸이여 너의 두 넓적다리의 그 곡선은 장인의 손들로 만든 보석들 같구나"(원문직역)

아가 7장은 솔로몬 왕과 술람미 여인의 더 깊어지는 사랑을 가르치고 있습니다.

솔로몬 왕이 표상하는 예수님께서 술람미 여인이 표상하는 예수님의 몸 된 교회와 그 지체인 성도들을 칭찬하고 사랑하는 것은?

첫째, 복음을 전하는 발입니다.
"귀한 자의 딸아 신을 신은 네 발이 어찌 그리 아름다운가"(아 7:1상)

둘째, 잃어버린 양들을 찾아 예수님의 몸 된 교회의 지체가 되게 하고 더불어 함께 지어져 가며 바른 길을 걸어가는 삶입니다.
"네 넓적다리는 둥글어서 숙련공의 손이 만든 구슬꿰미 같구나"(아 7:1하)

셋째, 은혜와 사랑을 받기에 합당한 마음입니다.
"배꼽은 섞은 포도주를 가득히 부은 둥근 잔 같고"(아 2:1상)

넷째, 제자 삼는 사역입니다.
"허리는 백합화로 두른 밀단 같구나"(아 7:2하)

다섯째, 말씀으로 양육 받고 양육 하는 것입니다.
"두 유방은 암사슴의 쌍태 새끼 같고"(아 7:3)

여섯째, 예수님을 주인으로 모시고 주인 되게 하는 순결한 믿음입니다.
"목은 상아 망대 같구나"(아 7:4상)

일곱째, 하나님 말씀을 깨닫는 지성입니다.
"눈은 헤스본 바드랍빔 문 곁에 있는 연못 같고"(아 7:4중)

여덟째, 진리를 올바로 분변하고 지키는 것입니다.
"코는 다메섹을 향한 레바논 망대 같구나"(아 7:4하)

아홉째, 하나님 말씀과 하나님께서 세우신 권위와 질서에 순종하는 것입니다.
"머리는 갈멜 산 같고 드리운 머리털은 자주 빛이 있으니 왕이 그 머리카락에 매이었구나"(아 7:5)

열째, 삼위일체 하나님으로 기뻐하고 즐거워합니다.
"사랑아 네가 어찌 그리 아름다운지, 어찌 그리 화창한지 즐겁게 하는구나"(아 7:6)

열 한번째, 예수님의 장성한 분량까지 날마다 자라며 올곧은 삶을 살아갑니다.

"네 키는 종려나무 같고"(아 7:7상)

열두째, 진리의 열매를 맺습니다.

"네 유방은 그 열매송이 같구나 내가 말하기를 종려나무에 올라가서 그 가지를 잡으리라 하였나니 네 유방은 포도송이 같고"(아 7:7하-8상)

열셋째, 그리스도의 향기를 풍기는 것입니다.

"네 콧김은 사과 냄새 같고"(아 7:8)

열넷째, 복음을 전하고 가르칩니다.

"네 입은 좋은 포도주 같을 것이니라 이 포도주는 내 사랑하는 자를 위하여 미끄럽게 흘러내려서 자는 자의 입을 움직이게 하느니라"(아 7:9)
"네 입은 그 좋은 포도주와 같다. (그리고)내 사랑하는 자에게 부드럽게 내려가고 있다. 잠자는 자들의 입술로 천천히 흘러내려 가게 하고 있다"(아 7:9, 원문직역)

예수님의 칭찬과 사랑을 받는 예수님의 몸 된 교회와 그 지체인 성도들은 날마다 예수님과의 연합된 은총과 거룩한 사귐의 은총 가운데 살아갑니다.(아 7:10-13)
"나는 내 사랑하는 자에게 속하였도다 그가 나를 사모하는구나 내 사랑하는 자야 우리가 함께 들로 가서 동네에서 유숙하자"(아 7:10-11)

성삼위 하나님의 은혜로 칭찬과 사랑을 받으며 하나님을 영화롭게 하는 우리 모두가 되기를 기도합니다.

아가 8장 1절

"네가 내 어머니의 젖을 먹은 오라비 같았더라면 내가 밖에서 너를 만날 때에 입을 맞추어도 나를 업신여길 자가 없었을 것이라"(개역개정판)

"당신이 내 어머니의 가슴에서 젖을 빨고 있던 내 오라비 같았더라면? 내가 당신을 만날 때 내가 당신에게 입 맞추었을 것이다. 또한 그들은 나를 멸시하지 않을 것이라"(원문직역)

아가 8장은 솔로몬 왕과 술람미 여인의 완전한 사랑을 노래합니다.

예수님을 사랑하는 예수님의 몸 된 교회와 그 지체 된 성도들은?

첫째, 예수님과의 거룩한 사귐을 열망합니다.
"네가 내 어머니의 젖을 먹은 오라비 같았더라면 내가 밖에서 너를 만날 때에 입을 맞추어도 나를 업신여길 자가 없었을 것이라 내가 너를 이끌어 내 어머니 집에 들이고 네게서 교훈을 받았으리라"(아 8:1-2상)

둘째, 예수님을 섬기고 헌신합니다.
"나는 향기로운 술 곧 석류즙으로 네게 마시게 하겠고"(아 8:2하)

셋째, 예수님의 보호와 사랑을 받습니다.
"너는 왼팔로는 내 머리를 고이고 오른손으로는 나를 안았으리라"(아 8:3)

넷째, 예수님의 소유입니다.

"너는 나를 도장 같이 마음에 품고 도장 같이 팔에 두라"(아 8:6상)

다섯째, 예수님의 뜨겁고 영원불변한 사랑 가운데 거합니다.

"사랑은 죽음 같이 강하고 질투는 스올 같이 잔인하며 불길 같이 일어나니 그 기세가 여호와의 불과 같으니라 많은 물도 이 사랑을 끄지 못하겠고 홍수라도 삼키지 못하나니 사람이 그의 온 가산을 다 주고 사랑과 바꾸려 할지라도 오히려 멸시를 받으리라"(아 8:6하-7)

여섯째, 더불어 함께 지어져 가는 지교회들과 성도들을 섬기고 세워 나아갑니다.

"우리에게 있는 작은 누이는 아직도 유방이 없구나 그가 청혼을 받는 날에는 우리가 그를 위하여 무엇을 할까 그가 성벽이라면 우리는 은 망대를 그 위에 세울 것이요 그가 문이라면 우리는 백향목 판자로 두르리라"(아 8:8-9)

일곱째, 참된 믿음과 굳건한 신앙을 가지게 됩니다.

"나는 성벽이요"(아 8:10상)

여덟째, 말씀을 먹이고 진리의 파수군의 사명을 감당합니다.

"내 유방은 망대 같으니"(아 8:10중)

아홉째, 화평케 하는 복음을 전파합니다.

"그러므로 나는 그가 보기에 화평을 얻은 자 같구나"(아 8:10하)

열째, 착하고 충성된 위치에서 살아갑니다.

"솔로몬이 바알하몬에 포도원이 있어 지키는 자들에게 맡겨 두고 그들로 각기 그 열매로 말미암아 은 천을 바치게 하였구나 솔로몬 너는 천을 얻겠고 열매를 지키는 자도 이백을 얻으려니와 내게 속한 내 포도원은 내 앞에 있구나"(아 8:11-12)

열한째, 기도와 찬송을 드립니다.

"너 동산에 거주하는 자야 친구들이 네 소리에 귀를 기울이니 내가 듣게 하려무나"(아 8:13)

열두째, 예수님의 재림을 소망합니다.

"내 사랑하는 자야 너는 빨리 달리라 향기로운 산 위에 있는 노루와도 같고 어린 사슴과도 같아라"(아 8:14)

그리스도인은 예수님과 연합된 사람입니다. 그러므로 성삼위 하나님의 은혜로 예수님과 동행하며 하나님을 영화롭게 하는 우리 모두가 되기를 기도합니다.

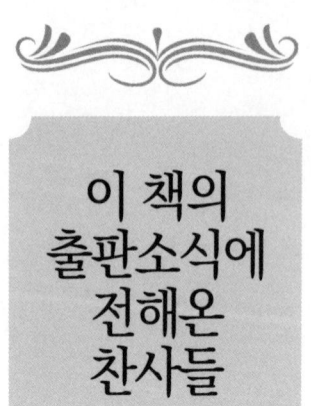

이 책의 출판소식에 전해온 찬사들

강대춘 은퇴목사

본인이 저자를 알고 교제하가는 1981년 합신(5회)에 입학하면서부터 41년, 오늘에 이르렀기에 저자의 학문과 인품과 성격상 많은 독자들도 한 번 빠지면 나올 수 없는 블랙홀이 되리라 생각한다. 저자는 성경주석가이다. 성경주석에 필요한 조직신학과 교회사와 교회법과 원문의 해박한 지식과 경건이 있다.

강선일 목사 | 본이되는교회 원로

저자가 평소에 성경을 원문으로 직역하고 간단히 주석한 것을 이 메일로 보내주어 받게 되었습니다. 그것은 성경내용을 명확하게 파악할 수 있게 했습니다. 거기에 달아놓은 핵심내용은 구속사적이요 철저히 하나님께만 의존하는 말씀중심의 신앙이요 성경과 하나님께서 말씀하시고자 하시는 핵심내용을 드러내어 크게 유익하였습니다.

고형근 목사 | 큰사랑교회

성경을 연구하는 작업은 즐겁고 행복하면서도 힘든 작업입니다. 김상수 목사님은 원문을 읽고, 직역하면서, 그 결과물을 평소에 카톡을 통해서 나눔을 하셨습니다. 성경을 성경으로 해석하려고 하셨으며, 무엇보다 성삼위 하나님을 드러내려고 애를 쓰셨습니다. 하나님께서 크게 기뻐하실 일이라고 여겨집니다.

김광수 목사 | 밀알교회 원로

제가 잘 알고 있는 김상수 목사님은 오직 성경에서만 이 해답을 찾고 영적으로 성령이 충만한 가운데에서 모든 사람들에게 소망을 주십니다. 그러기에 이 책을 통해 주님의 참된 제자로 교회를 섬기며 신앙생활을 훌륭하게 하도록 큰 힘이 되는 지침서가 될 것입니다. 독자에게 영혼을 깨울 수 있기를 기대하며 기도드립니다.

김광욱 목사 | 한샘교회

이 책은 누구나 접할 수 있도록 간단하고 쉬운 것 같으면서도 설교자에게는 귀한 영감을 성도에게는 넘치는 은혜를 신학연구자에게는 귀한 연구 자료를 제공할 보고가 될 것입니다.

김기일 장로 | 캡스톤 주님의교회, 국제 CBMC 부이사장 토론토

매일, 아침마다 대하는 목사님의 묵상은 대할 때마다 아름답고 맑은 영혼의 편지 같습니다. 이 시대에 다시 쓰여 지는 솔로몬의 묵상, 생명의 글들이 영혼들을 일깨워 주고 사랑하는 주님과 손잡고 살아가고자 하시는 모든 분들에게 영원한 사랑의 편지가 되시기를 바랍니다.

김상균 목사 | 제자된교회

성경 원문에 담긴 오묘한 교훈들을 성령의 지혜를 구하는 가운데 한 절, 한 절 연구하며 기록한 말씀들은 마치 성경의 깊은 우물에서 지금 막 길어 퍼 올린 생수와 같다는 느낌이다. 목회 35년, 평생 복음 메시지를 증거 해 온 저자가 깊은 연구와 묵상을 통해 감추인 보배를 찾는 듯(잠 2:4) 교훈을 담았기에 더욱 울림이 있다.

김조이 선교사 | 아프리카 말라위

서 있는 것만으로도 치열한 영적 전투현장에서, 히브리어와 헬라어 원어에 충실하게 깊이깊이 내린 우물물 두레박처럼 길어 올리신 생명수 말씀을 말라위까지 보내 주셔서 '지꼬모=감사합니다'. 그 생수를 선교현장에 고스란히 흘려보내며, 진리 예수 그리스도를 힘차게 전할 수 있었습니다. 모든 영광 하나님께. Soli Deo Gliria.

김태준 원로목사 | 중동교회

김상수 목사의 말씀을 묵상은 읽을수록 성경을 이해하고 말씀사역에 힘이 되며 유익함을 누린다. 말씀의 본래의 뜻을 정확히 알 수 있도록 원어의 의미를 담아내며, 문맥을 따라 핵심이 되는 내용을 질서 있게 정리해 주고 있다. 성경본문의 내용 파악을 잘 할 수 있도록 해 주고 있다. 여기에 묵상해서 살을 붙이면 훌륭한 설교가 된다. 이 내용을 묶어 책으로 내게 되니 심히 기쁘다.

김형원 목사 | 주님의 교회

김상수 목사님은 성경 말씀을 원문을 통해서 보다 원초적으로 하나님의 뜻을 깨닫고자 매일 연구한 것을 카톡으로 보내 주셨습니다. 아침마다 귀한 연구의 결과를 읽으면서 오직 말씀대로 살리라 다짐했던 목회 초심으로 돌아가곤 하였습니다. 감사합니다.

김호성 목사, 선교사 | 미동부, 뉴욕성시화운동 대표

창조주 하나님을 찬송함이 끊어지며, 하나님과 대면하는 기도조차 끊어지며, 세상이 심히 어두움으로 들어가고 있는 시대에, 김상수 목사님의 매일의 묵상은 우리들의 혼잡한 마음과 영혼이 평안으로 인도되어 잔잔한 호수와 같은 평안을 느끼게 해주며, 쉴만한 물가와 푸른 초장으로 우리들을 인도해 주고 있습니다.

박찬민 목사 | 양주 명성교회

군더더기 없이 간결하고 명쾌한 성경 원문 번역과, 성경 스스로 성경을 해석하게 하는 쉽고도 심오한 성경강해가, 인공조미료를 넣지 않은 순수 자연식품처럼 날것 그대로 성경의 진미를 맛보게 해주는 이제껏 그 누구도 시도해보지 않은 신기원의 지평을 연 성경번역 강해서이다.

박형서 선교사 | 한민족고구마나눔운동본부 대표

김상수 목사님은 영혼을 위한 샘물을 길어 섬기시는 교회의 성도와 그리스도 예수 안의 지체들에게 퍼 나르시는 종이십니다. 12년이 넘도록 오대양 육대주로 맑은 영혼의 생수를 하루도 빠짐없이 퍼 나르셨습

니다. 주님께서 세우신 성령의 사람, 말씀의 공명 나팔 소리였습니다. 하나님의 마음을 헤아리며 깊은 말씀의 은혜로 하나님의 이름을 찬양하게 되기를 기도합니다.

방예배 선교사 | 카자흐스탄

선교지에서 날마다 아침을 맞이하며 김상수 목사님의 말씀 묵상을 읽습니다. 메마른 광야 같은 삶의 현장에서 말씀 묵상을 통해 하늘의 은혜를 갈망합니다. 나와 이웃들의 삶 속에 하나님의 말씀이 샘물처럼 흘러 넘쳐 우리 안에 예수님의 생명이 가득하기를 소망합니다.

배현주 목사 | 주교개혁장로교회

이 저서는 김상수 목사님께서 주명교회의 성도들에게 카톡으로 보내는 매일 한 장의 성경을 일목요연하게 정리하였다는 장점이 있다. 그래서 특히 매일 새벽기도를 인도하는 목회자들에게 매우 유익 하리라고 본다. 저자가 원문의 분석까지 마치시고 정리한 이 메시지는 즉시 설명 할 수 있기 때문이다.

백경진 선교사 | 마다가스카르

매일, 흔들릴 수밖에 없는 환경 속에서 더욱 하나님을 중심으로 성경을 바라보고 또한 하나님의 인류 구원을 향한 그 분의 사랑과 은혜를 체험 할 수 있었습니다. 특히 전반적인 묵상의 내용이 철저하게 하나님의 말씀 중심이라는 점에서 영원히 변치 않으시는 하나님을 알아 가는데 더욱 한걸음 나아갈 수 있었습니다.

손경순 선교사 | 필리핀

2013년부터 오늘까지 아침마다 보내주시는 짧은 묵상의 말씀이 저에게는 매일 매일 새 아침을 여는 밝은 문입니다. 더욱이 그 날의 본문 말씀을 원문으로 직역 해 주셔서 좀 더 이해하기가 쉬웠습니다. 카톡으로 보내 주셔서 소수의 사람만 읽을 수 있었던 묵상의 말씀이 책으로 엮어져 많은 분들이 읽을 수 있다니 감사합니다.

송은근 목사 | 새로남교회

김상수 목사님께서 아침마다 보내주시는 말씀은 사막을 출발하는 첫 걸음에 내 영혼에 새벽이슬과 하늘의 만나(Dailly bread)를 주심과 같이 느낍니다. 이 만나를 새벽에 성도들과 나누기도 합니다. 감사합니다.

심성형 선교사 | R국

할렐루야! 하나님의 은혜입니다. 하나의 책은 하나님을 알아가는 징검다리와 같다고 볼 수 있습니다. 작은 강물이 흘러서 큰 바다로 모이는 것처럼 말씀 하나하나 모여 큰 말씀을 이루는 은혜를 경험합니다. 2014년, 이 말씀을 처음 받을 때 생각이 납니다. 개혁주의 입장에서 말씀을 배워야 한다고 가르쳐 주신 김상수 목사님께 감사를 드립니다.

윤여성 목사 | 열린문교회

많은 성도가 이런 목마름을 느끼는 그런 형편 속에 처해 있을 때 '합신'에서 만난 우리 친구 김상수 목사는 개혁주의 신학에 바탕한 계시적 혜안과 해석을 담은 온라인 말씀 사역을 하며 매진해 왔습니다. 저는 처음부터, 이 단톡방의 난골손님으로 오늘까지 큰 혜택을 누려 왔습니다. 그는 폭 넓은 목회의 영지를 확장시키며 수많은 사람들에게 그의 영적 기쁨과 축복을 베풀기에 지치지 않았습니다.

이선상 대표 | 썬디스플레이, 전나사렛형제들신협이사장
언제부터인가 잠언서를 보면서 깊이가 있는 묵상 나눔으로 생각해 보았다. 목사님의 탐구는 한 두 개, 서너 개가 아니라 배 이상의 깊이가 번호로 나열된다. 그것이 원문에 입각하니 저렇게 다채로운 관점을 갖게 되는구나, 이런 생각을 종종 했었다. 한 가지, 한 가지 내용들이 때로는 깊고 넓어서 묵상하는 사람 입장에서는 참 좋은 교보재가 된 듯 싶다.

이진희 선교사 | 나이지리아
김상수 목사님의 카톡 큐티는 한 줄기의 맑은 물이 목을 축이는 것 같았습니다. 기본에서 벗어나지 아니하고 차분하게 본문에 충실하게 풀어가는 말씀은 하나님의 마음을 알아 가는데 아름다운 길잡이 역할을 하고 있습니다. 기독교인의 삶을 바르게 훈련 하는데 귀한 길잡이 라고 사료됩니다.

조평안 선교사 | 베트남
365일 하루도 빼놓지 않고 사모님을 통해 보내주시는 주명교회 김상수 목사님의 아침 큐티는 매일아침 말씀을 깊이 있게 들여다보게 하며 생각하게 하고 또한 깨닫게 하는 생수와 같고 만나와 같은 젖줄이다. 선교사역에 큰 힘이 된다.

주승규 선교사 | 일본 사와라 그리스도교회

답답하고 어두운 코로나 시대에 시원한 얼음 생수 생명수 넘치는 말씀! 코로나로 인한 팬더믹 속에서 공포에 떠는 모든 이에게 예수 그리스도를 통하여 생명의 빛과 소망과 확신을 공급해 주는 말씀입니다. 항상 말씀과 복음 전파의 열정이 가득하신 저자의 매일 큐티를 읽으며, 일본선교 1 퍼센트 벽을 통과하는데 많은 힘이 되고 있습니다.

최동주 목사 | 석천제일교회

저자에게서 진리의 말씀을 원어 중심으로 해석하여 원리를 찾아 적용하시는 연구와 삶은 구도자적 모습을 볼 수 있었다. 매일 보내주시는 김 목사님의 성경석의를 토대로 설교 본분을 점검하여 오류를 찾아냈고 수정 보완하여 설교를 마무리하는 습관이 생겼다. 이렇게 책으로 발간될 수 있는 기회를 주신 것에 하나님께 진심으로 감사를 드린다.

황진호 선교사 | 한태글로벌문화센터 대표

몇 년 전부터 멀리 떨어져 있는 태국에까지 하루도 빠짐없이 매일 아침 카톡으로 김상수 목사님의 큐티를 보내주고 계신다. 목사님의 수고와 헌신으로 하나님의 말씀을 더 깊이 있게 묵상하고 기도하므로 하나님께 더 성숙한 자리로 나아가게 됨을 고백한다. 아울러 아침에 묵상하고 기도한 내용들은 저희 현지 사역자들과 성도들에게 자연스럽게 흘러가게 되어 진심으로 감사드린다. 이 카톡 큐티가 저뿐 아니라 더 많은 선교지와 선교사들에게 축복의 통로로 사용되어지기를 간절히 기원한다.